METODOLOGIA
DO ENSINO DE
Biologia e Química

Com um rico material de apoio a docentes e estudantes, esta coleção composta de oito títulos abarca as principais correntes teóricas sobre o ensino de Química e Biologia da atualidade. Destaca-se por trabalhar essas disciplinas aproximando-as da realidade do aluno em seu cotidiano, sendo esta uma das características mais presentes nesta coleção. Sobressaem-se também materiais voltados à ludicidade, prática bastante difundida na academia, mas pouco explorada nos manuais disponíveis atualmente aos docentes. As obras ainda contam com exercícios e gabaritos disponibilizados como instrumentos facilitadores da aprendizagem

Volume 1
O Ensino de Biologia e o Cotidiano

Volume 2
O Professor-Pesquisador no Ensino de Ciências

Volume 3
O Ensino de Química e o Cotidiano

Volume 4
Fundamentos Filosóficos do Ensino de Ciências Naturais

Volume 5
Didática e Avaliação em Biologia

Volume 6
Fundamentos Históricos do Ensino de Ciências

Volume 7
Didática e Avaliação de Aprendizagem em Química

Volume 8
Jogos no Ensino de Q

CB056239

Maria Luiza Machado Fernandes

EDITORA
intersaberes

O Ensino de Química
e o Cotidiano

EDITORA intersaberes

Rua Clara Vendramin, 58 . Mossunguê
CEP 81200-170 . Curitiba . PR . Brasil
Fone: (41) 2106-4170
www.intersaberes.com
editora@editorainterasaberes.com.br

Conselho editorial
Dr. Ivo José Both (presidente),
Drª. Elena Godoy,
Dr. Nelson Luís Dias,
Dr. Neri dos Santos,
Dr. Ulf Gregor Baranow

Editora-chefe
Lindsay Azambuja

Supervisora editorial
Ariadne Nunes Wenger

Analista editorial
Ariel Martins

Análise de informação
Adriane Ianzen

Revisão de texto
Monique Gonçalves

Capa
Denis Kaio Tanaami

Projeto gráfico
Bruno Palma e Silva

Diagramação
Katiane Cabral

Dados Internacionais de Catalogação na Publicação (CIP)
(Câmara Brasileira do Livro, SP, Brasil)

Fernandes, Maria Luiza Machado
   O ensino de química e o cotidiano / Maria Luiza
Machado Fernandes. – 1. ed. – Curitiba: InterSaberes, 2013. –
(Coleção Metodologia do Ensino de Química e Biologia; v. 3).

   Bibliografia.
   ISBN 978-85-8212-557-1

   1. Química – Estudo e ensino (Ensino médio) I. Título.
II. Série.

12-09882   CDD-540.7

Índice para catálogo sistemático:
1. Química: Ensino médio 540.7

Foi feito depósito legal.
1ª edição, 2013

Informamos que é de inteira responsabilidade da autora a emissão de conceitos.

Nenhuma parte desta publicação poderá ser reproduzida por qualquer meio ou forma sem a prévia autorização da Editora InterSaberes.

A violação dos direitos autorais é crime estabelecido na Lei n. 9.610/1998 e punido pelo art. 184 do Código Penal.

Sumário

Introdução 13

Química aplicada ao cotidiano 15

1.1 Química Geral 17
1.2 Físico-Química 23
1.3 Química Orgânica 31
Síntese 34
Indicação cultural 35
Atividades de Autoavaliação 35
Atividades de Aprendizagem 40
Atividades Aplicadas: Prática 40

Temas polêmicos atuais e a Química 43

2.1 A poluição química do meio ambiente 45
2.2 Gorduras trans e a nossa saúde 55
2.3 Esgotamento dos recursos naturais não renováveis 57
2.4 Fontes renováveis de energia 58
Síntese 60

Indicação cultural   60

Atividades de Autoavaliação   61

Atividades de Aprendizagem   64

Atividades Aplicadas: Prática   64

O laboratório de Química   65

3.1 Laboratório e suas normas de segurança   67

3.2 Instrumental básico para o laboratório de Química   68

3.3 Técnicas de laboratório   72

3.4 Sugestões de aulas práticas   74

Síntese   82

Indicações culturais   82

Atividades de Autoavaliação   82

Atividades de Aprendizagem   85

Atividades Aplicadas: Prática   85

Recursos didáticos para o ensino de Química   87

4.1 Confecção e uso de materiais didáticos   89

4.2 Textos de jornais e revistas   100

4.3 Organização de um museu de rochas e minérios   104

4.4 Realização de uma feira de ciências   105

4.5 Alguns critérios para a escolha do livro didático   107

Síntese   109

Indicação cultural   109

Atividades de Autoavaliação   109

Atividades de Aprendizagem   111

Atividades Aplicadas: Prática   111

Considerações finais   113
Glossário   115
Referências   123
Bibliografia comentada   127
Gabarito   129

Agradecimentos

Este livro foi escrito como referência para a disciplina de Química do Cotidiano, a ser ministrada no curso de pós-graduação em Química, na modalidade de educação a distância do Centro Universitário Uninter.

Várias pessoas me auxiliaram nessa tarefa e, em especial, agradeço à coordenadora do curso de Química, professora Tatiana Trevisan, pelo convite; à professora Nelma Machado Fernandes, professora de Química e minha mãe, pelas valiosas discussões e leitura crítica da primeira versão do livro; ao professor Alcione Silva Fernandes, professor de Física e meu pai, pelas discussões sobre o tema de radioatividade e leitura crítica dos manuscritos.

Finalmente, agradeço aos funcionários da Editora InterSaberes, pela dedicação com que realizaram a editoração deste livro.

Apresentação

Esta obra tem por objetivo apresentar ao professor, ao estudante e também às pessoas não familiarizadas com a Química aspectos dessa ciência que são necessários para entender alguns fenômenos do nosso cotidiano. Para tanto, utilizamos uma linguagem acessível, embora rigorosa do ponto de vista técnico e científico.

No capítulo 1, abordaremos os elementos químicos, base de toda estrutura do mundo material, e as diferentes formas de ligação entre eles. As considerações sobre a química das panelas despertam curiosidade, pois estão diretamente ligadas à nossa alimentação e, portanto, à nossa saúde. Também a maneira correta de interpretar as informações contidas nos rótulos de soluções encontradas no comércio é apresentada. Os aspectos fundamentais da radioatividade são expostos, para que possamos entender técnicas mais elaboradas, como a datação de fósseis, amplamente utilizada em arqueologia. Os ácidos carboxílicos e os cosméticos convencionais ou orgânicos são abordados em alguns de seus aspectos.

No capítulo 2, trataremos de alguns temas que são objeto de intenso debate na sociedade. Assim, a poluição química do meio ambiente é referida através de considerações sobre o efeito estufa, a chuva ácida e a redução da camada de ozônio. Os efeitos nocivos de plásticos e detergentes para o meio ambiente serão tratados. A presença das gorduras trans em muitos alimentos também merece especial atenção, pois diz respeito ao nosso bem-estar. O problema do esgotamento dos recursos naturais não renováveis, como petróleo, carvão e gás natural, estão na pauta de discussões, bem como a procura de novas fontes renováveis de energia.

O laboratório de Química utilizado para o ensino é revisitado no capítulo 3, em que apresentaremos os materiais e os reagentes mais usados, assim como as normas de segurança que devem sempre ser seguidas. Incluímos, também, roteiros para algumas aulas práticas.

O capítulo 4 foi formulado com o objetivo de apresentar ao professor algumas formas alternativas – sem a pretensão de serem originais – de dinamizar o ambiente de ensino através da confecção de materiais didáticos alternativos simples e de baixo custo. Também as sugestões de realização de um museu de rochas e minérios e de feiras de ciências são consideradas, pois trazem uma movimentação agradável a vários segmentos do espaço escolar.

Ao final de cada capítulo, são sugeridas ao leitor algumas questões e atividades extras; a maioria pode ser resolvida com as informações encontradas no próprio texto, e outras são colocadas com o objetivo de estimular o leitor a relembrar conhecimentos adquiridos ou a obtê-los em outras fontes.

Procuramos evitar as discussões teóricas ou os cálculos matemáticos complexos, que desviariam o leitor do objetivo principal, assim, um número reduzido de fórmulas é utilizado e as equações químicas são aquelas minimamente necessárias.

Com este livro, pretendemos levar o leitor a refletir sobre o aspecto de que os conhecimentos fundamentais de uma ciência básica como a Química estão intimamente ligados aos fenômenos mais simples que nos cercam. Desse modo, os capítulos foram escritos de forma que são autoconsistentes, convidando o leitor a lê-los na ordem que lhe for mais conveniente.

Introdução

Em geral, os estudantes dos cursos de licenciatura em Química de nossas faculdades e universidades que se dedicarão ao magistério do ensino médio apresentam um bom nível de conhecimento dos conceitos básicos e avançados dessa matéria. No entanto, nem sempre possuem igual desembaraço nas aplicações práticas decorrentes desses conceitos. Com essa constatação, não estamos fazendo uma crítica ao ensino de Química das escolas superiores do nosso país, pois, de fato, não é sua função ensinar as aplicações da ciência, mas sim saber compreendê-las e explicá-las.

Nós, professores, sabemos que ensinar disciplinas que envolvem cálculos matemáticos, como é o caso da Química, causa aversão em uma parcela considerável dos estudantes; assim, sempre que possível, devemos utilizar recursos didáticos que chamem a atenção e estimulem a imaginação dos alunos. De fato, explicar o significado de conceitos básicos através da composição de um medicamento, da formação da chuva ácida ou do efeito estufa, do funcionamento de uma usina nuclear aguça a imaginação das pessoas, pois elas sentem que o conhecimento abstrato que lhes está sendo transmitido está intimamente ligado ao seu cotidiano.

Além disso, o grau de sofisticação alcançado pela ciência e pela tecnologia impõem ao cidadão comum uma cultura científica básica mínima, sem a qual se torna quase impossível ler jornais e revistas semanais de informação ou assistir a programas de televisão informativos.

A interação do homem com o meio ambiente tem provocado uma intensa degradação deste e gerado um excessivo debate sobre procedimentos ecologicamente corretos, como reciclagem do lixo, redução da emissão de gás carbônico na atmosfera ou correto manuseio do lixo atômico, proveniente das usinas nucleares. Todos esses assuntos têm um forte conteúdo de Química que pode ser altamente motivador, ao ser abordado pelo professor na sala de aula.

Esta obra tem o objetivo de auxiliar o professor no preparo de suas aulas para alunos do ensino médio, abordando os conceitos da Química aplicada aos fenômenos do nosso cotidiano e que não são tratados com grande extensão nos livros didáticos mais utilizados. Além de temas de aplicação imediata, uma série de atividades em sala de aula é sugerida ao professor. O objetivo é reforçar os conceitos científicos básicos ministrados de uma maneira clara e objetiva, aplicando-os na realização de jogos como quebra-cabeça ou no esclarecimento de fenômenos provocados pelo homem na sua interação com a natureza.

Desejamos a todos que se propuserem a estudar esse livro um excelente aproveitamento.

Capítulo 1

Os conhecimentos da Química estão presentes em nossa vida de várias formas. Convivemos com eles diariamente, ao utilizar alimentos, medicamentos, produtos de higiene e vestuário, cosméticos e até meios de transporte.

Neste capítulo, os assuntos que abordaremos estão dentro da Química Geral, da Físico-Química e da Química Orgânica. Essa divisão facilita a pesquisa de conceitos, fórmulas e das propriedades sugeridas no texto. Na seção de Química Geral, trataremos dos elementos químicos e dos tipos de ligação que ocorrem entre eles; na seção de Físico-Química trataremos da importância das soluções-tampão em nosso cotidiano, de como interpretar dados em rótulos de produtos e das principais características da radioatividade. Na seção de Química Orgânica, abordaremos a aplicação dos ácidos carboxílicos e também as características dos cosméticos.

Química aplicada ao cotidiano

1.1 Química Geral

A Química Geral trata da composição do mundo material e das suas transformações. Assim, iniciamos este capítulo abordando os elementos químicos e suas diferentes formas de ligação.

1.1.1 Os elementos químicos constroem a matéria

Sabemos que toda matéria, seja uma pedra ou uma árvore, é constituída pelos átomos dos elementos químicos. Esses elementos podem ser naturais, como o cobre, o ouro, o flúor e o carbono; e artificiais, que são sintetizados em laboratório, como o tecnécio e o férmio.

Estamos cercados de uma infinidade de combinações desses elementos, que formam o mundo material. Podemos observar o carbono na grafite do lápis; o ferro, o alumínio, o cobre, o ouro e a prata em utensílios e joias e, ainda, imaginar que estamos imersos em gases, como o oxigênio e o nitrogênio, que são os constituintes da atmosfera.

Os átomos dos elementos químicos ligam-se para formar os compostos químicos que constituem o mundo físico. Essas ligações podem ser de três tipos: iônica, covalente e metálica.

Na **ligação iônica**, ocorre uma atração eletrostática entre íons de cargas opostas, sendo um íon um átomo que perdeu ou ganhou um ou mais elétrons. Um átomo que perde elétrons é sempre um metal, pois tem baixa energia de ionização; aquele que ganha elétrons é um não metal com alta energia de ionização. Isso ocorre, por exemplo, quando o íon Na^{+1} se liga ao íon Cl^{-1} para formar o cloreto de sódio (NaCl).

Muitos compostos iônicos formam os chamados sólidos iônicos, que possuem camadas com um grande número de íons, as quais são mantidas pela atração eletrostática mútua. Isso os torna duros e rígidos, possibilitando a formação de estruturas como rochas, montanhas e até os nossos ossos.

Na **ligação covalente**, ocorre o compartilhamento de pares de elétrons de átomos de não metais. Esses elétrons deslocam-se entre os átomos, unindo-os e formando o que se chama de **molécula que transita entre os átomos**. Através desse tipo de ligação, formam-se os compostos moleculares, que são os responsáveis pelas cores e odores das flores, pelos sabores dos alimentos, bem como pela ocorrência dos compostos da química orgânica, como as fibras têxteis, os óleos vegetais e produtos farmacêuticos. Na Figura 1.1, são representados alguns compostos moleculares através do modelo de Stuart[*].

Figura 1.1 – Representação das moléculas de a) água, b) ozônio, c) ácido nítrico e d) dióxido de carbono

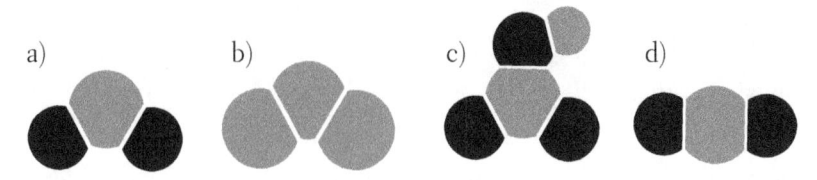

Na **ligação metálica**, átomos de metais se juntam devido à sua alta eletropositividade. Ao se aproximarem, esses átomos provocam o afastamento dos seus elétrons da camada de valência, formando um "mar de elétrons livres" que, por sua vez, serve como uma espécie de cola que mantém os íons positivos resultantes unidos. A existência desses elétrons livres explica algumas propriedades dos metais, como as suas altas condutividades térmica e elétrica.

Os compostos resultantes das ligações atômicas podem apresentar combinações de apenas um tipo de elemento químico, como o gás oxigênio (O_2), ou de vários tipos de elementos químicos, como a cafeína ($C_8H_{10}O_2N_4$).

No nosso cotidiano, podemos encontrar compostos simples e outros formados por misturas de várias substâncias; o sabor natural dos morangos, por exemplo, é devido à presença de um grande número de substâncias, mas a sua cor vermelha depende apenas de uma, a pelargonidina ($C_{15}H_{11}O_5$).

---

[*] Modelo de Stuart: modelo simples em que os átomos que formam a ligação molecular são representados por esferas que se encaixam, de modo a reproduzir a geometria da molécula.

1.1.2 A química da panela

Os metais utilizados na fabricação de panelas podem interagir com os alimentos durante o seu preparo, transferindo metais bons, como ferro, magnésio e cálcio, ou prejudiciais à saúde, como alumínio, cádmio e níquel.

As panelas geralmente usadas são as de alumínio (alumínio), de aço inoxidável (liga de ferro, cromo e níquel), antiaderentes, que possuem um revestimento interno de Teflon que cobre o metal de sua estrutura, geralmente o alumínio; são ainda comuns as de barro (argila), de ferro (ferro), as esmaltadas, que possuem estrutura de ferro revestida internamente por uma camada protetora de tinta esmalte, e as de vidro (sílica).

Uma reação química é chamada de **deslocamento** quando uma substância simples, como o metal da panela, reage com outra substância composta, como a água ou os alimentos ácidos, produzindo duas novas substâncias: uma simples e outra composta. Para que essa reação ocorra, o metal mais reativo deve deslocar o menos reativo, obedecendo à escala de reatividade apresentada na Figura 1.2, na qual qualquer metal à direita é mais reativo que o da esquerda.

Figura 1.2 – Escala de reatividade

Au . Pt . Ag . Hg . Cu . H . Pb . Sn . Ni . Fe . Cr . Zn . Mn . Al . grupo 2A . grupo 1A

$\longrightarrow$

Nota: os grupos 1A e 2A são aqueles da tabela periódica

Nas panelas, a reação de deslocamento pode ocorrer se o metal da sua estrutura for mais reativo que o hidrogênio encontrado na água e nos alimentos ácidos. Observando a composição das panelas citadas anteriormente, encontramos os seguintes metais que podem reagir: níquel, ferro, cromo, manganês e alumínio.

Ao fervermos ou armazenarmos alimentos ácidos, como molho de tomate ou iogurte, forma-se na superfície interna das panelas de alumínio uma camada protetora escura de óxido de alumínio ($Al_2O_3.3H_2O$). Isso ocorre segundo a reação:

$$2\,Al + 6\,H_2O \rightarrow 2\,Al(OH)_3 + 3\,H_2$$
$$\downarrow$$
$$Al_2O_3.3H_2O \text{ (camada protetora)}$$

Por isso, antes do primeiro uso é conveniente ferver água várias vezes na panela de alumínio até surgir a camada protetora no seu interior, a qual não deve ser removida. Essa camada impede que o alumínio da panela migre para os alimentos, o que é bom, pois há suspeitas de que esse metal seja prejudicial à nossa saúde.

Além disso, esse tipo de panela não é indicado para guardar alimentos, pois o tempo de contato facilita a liberação do metal.

É comum, em panelas de ferro umedecidas, ocorrer uma reação de deslocamento com a formação de ferrugem, segundo a reação:

$$2\,Fe + 6H_2O \rightarrow 2Fe(OH)_3 + 3H_2$$
$$\downarrow$$
$$Fe_2O_3.3H_2O \text{ (ferrugem)}$$

Na formação da ferrugem, o metal ferro transforma-se em uma mistura de substâncias, sendo que o óxido de ferro III hidratado ($Fe_2O_3.3H_2O$) é a principal. Nesse caso, a reação provoca a corrosão da panela; por isso é importante fazer a prevenção, não a deixando úmida, além de untá-la com óleo antes de guardá-la para o próximo uso.

A panela de aço inoxidável é conhecida também pela abreviatura **inox**. Ela é feita com uma liga de 50 a 88% de ferro, 11 a 30% de cromo e até 31% de níquel. Em uma panela inoxidável, encontramos metais com mecanismos de reação semelhantes aos das panelas de alumínio e de ferro. Porém, como o níquel é um metal tóxico, a adição de cromo garante a formação de uma camada protetora de óxido de cromo III (Cr_2O_3) na sua superfície interna, a qual impede que o níquel migre para os alimentos, além de aumentar a resistência à corrosão do ferro. Para proteger essa camada, devemos empregar os mesmos cuidados citados para a panela de alumínio.

As panelas esmaltadas e as antiaderentes possuem revestimentos internos que impedem que o metal base da sua estrutura passe para os alimentos. As panelas esmaltadas são revestidas internamente por uma camada de tinta esmalte, conhecida como ágata, que impede que o ferro de sua estrutura sofra corrosão. As panelas antiaderentes têm estrutura de alumínio e revestimento interno de Teflon (politetrafluoretileno – PTFE), o que permite utilizar menos gordura no preparo dos alimentos. Assim como o alumínio, existem hipóteses de que o Teflon, quando exposto ao calor e em contato com as proteínas dos alimentos, forme compostos nocivos à saúde.

Há dois tipos de panelas, entre as mencionadas anteriormente, que não reagem com os alimentos: as de vidro e as de barro, que são ótimas para o preparo de qualquer tipo de alimento.

A Agência Nacional de Vigilância Sanitária[*] (Anvisa) é o órgão que regulamenta e fiscaliza se o utensílio para contato direto com os alimentos é próprio para o uso. Esses instrumentos não devem liberar substâncias tóxicas, indesejáveis ou contaminantes para os alimentos acima dos limites permitidos pela lei.

---

[*] Para mais informações, acesse: http://www.anvisa.gov.br

1.2 Físico-Química

O objetivo da Físico-Química é determinar as propriedades físicas e químicas dos elementos químicos, além dos seus compostos. Nesse contexto, trataremos da importância das soluções-tampão para o nosso organismo, da leitura correta das informações contidas nos rótulos dos produtos industrializados, bem como de alguns aspectos da radioatividade que são importantes para a nossa saúde e para o meio ambiente.

1.2.1 Soluções-tampão no nosso organismo

Uma solução-tampão ou tamponada é aquela que experimenta pequenas variações no seu pH, quando nela adicionamos um ácido ou uma base.

Em geral, a solução-tampão é uma mistura de:

a) um ácido fraco com um sal correspondente e uma base forte, como numa solução de ácido acético (CH_3COOH) com acetato de sódio (CH_3COONa);

b) uma base fraca com um sal correspondente e um ácido forte, como numa solução de hidróxido de amônio (NH_4OH) com cloreto de amônio (NH_4Cl).

A água é neutra, pois tem o pH igual a 7, porém, se adicionamos a ela uma pequena quantidade de ácido clorídrico, ocorre uma variação brusca do pH, que passa de 7 para 3. Por outro lado, se adicionarmos a mesma quantidade de ácido a uma solução-tampão constituída de hidróxido de amônio e cloreto de amônio, a variação correspondente do pH será de apenas 0,05 unidades. Isso ocorre porque o íon H^+ do ácido clorídrico combina-se com o ânion OH^- da base fraca da solução-tampão, mantendo o seu pH constante.

Do ponto de vista bioquímico, as soluções tamponadas desempenham um papel regulador importante, pois o funcionamento adequado de um sistema biológico depende da estabilidade do seu pH. Por exemplo: em nosso organismo, há líquidos soluções-tampão, como o plasma sanguíneo, no qual dois tampões operam: H_2CO_3/HCO_3^- e H_3PO_4/HPO_4^-, que são os responsáveis por manter o pH normal do sangue, que se situa entre 7,3 e 7,5. Também encontramos soluções-tampão no suco gástrico, que são responsáveis por mantê-lo com valores normais de pH, entre 1,6 e 1,8.

Os medicamentos que contêm ácido acetilsalicílico, usados como analgésicos e antitérmicos, produzem efeitos colaterais como azia e mal-estar gástrico, pois aumentam a acidez estomacal. Esses efeitos podem ser minimizados se for incorporada à fórmula do medicamento uma solução tamponada com aminoacetato de alumínio e carbonato de magnésio que, ao se dissolver com a água do estômago, possibilita uma absorção mais rápida e ameniza os efeitos colaterais.

1.2.2 Lendo os rótulos dos produtos

As soluções são misturas homogêneas presentes no nosso cotidiano, como sucos, vinagre, produtos de limpeza, alimentos industrializados e medicamentos. As embalagens que contêm essas soluções são apresentadas com uma linguagem nos rótulos que, de modo geral, passam despercebidas por nós. Sua interpretação, muitas vezes, exige conhecimentos de Matemática e Química.

Observe, na Figura 1.3, os rótulos de alguns produtos selecionados:

Figura 1.3 – Exemplos de rótulos de produtos

(A)	(B)	(C)
Solução fisiológica (Cloreto de sódio)	Álcool hidratado	Água oxigenada
0,9%	96%	20 volumes
Conteúdo 250 ml	Conteúdo 500 ml	Conteúdo 100 ml
Uso externo	Uso externo	Uso não farmacêutico

Notamos que a concentração dos produtos A e B está em porcentagem, que, na linguagem da química, significa **título em porcentagem**. Essa é uma forma de representar a concentração de uma solução e pode ser: em massa, quando indica a massa de soluto contida em uma determinada massa de solução, ou em volume, quando indica o volume de um soluto num determinado volume de solução. A seguir, apresentamos interpretações e cálculos para as soluções A, B e C.

a) **Interpretação e cálculos da solução A – Título em massa**: uma solução de cloreto de sódio 0,9% significa que em cada 100 gramas de solução temos 0,9 gramas de cloreto de sódio e 99,1 g de água. Sendo a densidade da água 1 g/ml, podemos considerar 99,1 g de água como 99,1 ml de água.

Mostraremos, em seguida, como foi preparado o volume de 250 ml da solução referida no rótulo. Para calcular a quantidade de sal, vamos montar a seguinte regra de três:

0,9 g – 100 g de solução
x – 250 g de solução
que resulta
x = 250 * 0,9/100 = 2,25 g de cloreto de sódio

A quantidade de água da solução é obtida através da subtração:

250 g de solução – 2,25 g de cloreto de sódio = 247,75 g de água

Portanto, o rótulo A se refere a uma solução preparada com 2,25 g de cloreto de sódio dissolvidos em 247,75 ml de água.

b) **Interpretação e cálculos da solução B – Título em volume**: uma solução de álcool hidratado 96% significa que, em cada 100 ml de solução, temos 96 ml de álcool e 4 ml de água. Nesse caso, temos o seguinte:

$$96 \text{ ml} - 100 \text{ ml de solução}$$
$$X - 500 \text{ ml de solução}$$
$$\text{que resulta}$$
$$X = 500 * 96/100 = 480 \text{ ml de álcool}$$

O volume de água é, então, obtido da subtração:

$$500 \text{ ml de solução} - 480 \text{ ml de álcool} = 20 \text{ ml de água}$$

Portanto, o rótulo B se refere a uma solução preparada com 480 ml de álcool e 20 ml de água.

c) **Comentário sobre a solução C**: esse rótulo apresenta uma solução de água oxigenada a 20 volumes; isso significa que temos uma solução aquosa de peróxido de hidrogênio (H_2O_2) em que um litro dessa solução libera 20 litros de gás oxigênio medidos nas CNTP, se ocorrer a seguinte reação de decomposição:

$$2 H_2O_2 \rightarrow 2 H_2O + O_2 \uparrow$$

Assim, esse rótulo não se refere ao título, mas a uma maneira particular de expressar a concentração de uma solução.

Podemos calcular o volume de gás oxigênio da solução C como segue:

$$1000 \text{ ml (1 l) de solução} - 20 \text{ l de oxigênio}$$
$$100 \text{ ml} - x$$

ou seja,

$$x = 100 \times 20/1000 = 2 \text{ l}$$

Assim, a solução libera 2 litros de oxigênio nas CNTP.

1.2.3 Radioatividade

Os átomos são constituídos de um núcleo contendo prótons (com carga elétrica positiva), nêutrons (sem carga elétrica) e por uma eletrosfera formada por elétrons negativos. O número de massa A representa a soma do número de prótons e nêutrons, enquanto o número atômico Z representa o número de prótons existentes no núcleo atômico. Assim, um elemento químico qualquer X é representado por $_z X^A$, significando que o átomo tem Z prótons e (A – Z) nêutrons no núcleo. Por exemplo: o átomo de cloro $_{17}Cl^{35}$ tem 17 prótons e 18 nêutrons no núcleo atômico.

Um nuclídeo é um núcleo atômico caracterizado pelos números A e Z; assim, o nuclídeo $_{88}Ra^{226}$ é um núcleo do átomo de rádio constituído por 88 prótons e 138 nêutrons.

Um núcleo atômico instável é aquele que emite partículas subatômicas (prótons, elétrons ou nêutrons) ou radiação eletromagnética e é, também, chamado de radionuclídeo ou radioisótopo. Assim, por emissão de partículas ou radiação, um radioisótopo se transforma em um núcleo atômico estável, podendo mudar os números Z ou A. Esse fenômeno é chamado de **decaimento** ou **desintegração**.

Podem ocorrer três tipos de desintegração de núcleo atômico: a desintegração alfa (α), a desintegração beta (β) e a desintegração gama (γ). Vamos examinar cada um desses processos separadamente.

    a) **Desintegração alfa (α)**: ocorre quando o núcleo emite uma partícula alfa ($_2\alpha^4$), que é formada por dois prótons e dois nêutrons. Por ter grande massa, a partícula alfa é emitida do núcleo com baixa velocidade. Por exemplo: o nuclídeo urânio decai em tório, de acordo com:

$$_{92}U^{238} \rightarrow {_2\alpha^4} + {_{90}Th^{234}}$$

Notamos que, nesse processo, o nuclídeo resultante ($_{90}Th^{234}$) diminuiu quatro unidades no número de massa e duas unidades no seu número atômico.

b) **Desintegração beta (β)**: é possível que no interior de um nuclídeo instável ocorra a decomposição de um nêutron da seguinte forma:

$$\text{nêutron} \rightarrow \text{próton} + \text{elétron}$$

sendo que o elétron é emitido, enquanto que o próton permanece no núcleo. Esse processo ocorre, por exemplo, na desintegração do bismuto em polônio, de acordo com:

$$_{83}Bi^{214} \rightarrow {_{-1}\beta^0} + {_{84}Po^{214}}$$

em que $_{-1}\beta^0$ representa o elétron (carga elétrica -1 e número de massa 0), o qual é emitido com grande velocidade, pois tem massa pequena. Nesse processo, o nuclídeo resultante ($_{84}Po^{214}$) teve o número atômico aumentado em uma unidade, enquanto o número de massa permaneceu inalterado.

c) **Desintegração gama (γ)**: nesse tipo de desintegração, um núcleo não emite partículas, mas sim energia na forma de ondas eletromagnéticas; assim, ocorre a emissão de radiação com a velocidade da luz e invisível para nós. Essa forma de energia radiante é denominada **radiação gama**. Nesse processo, o núcleo mantém inalterados os seus números atômico Z e de massa A. Por exemplo: o radioisótopo bário apresenta uma forma instável, em que o núcleo possui excesso de energia; assim, ao emitir radiação gama, ele atinge a forma estável de mínima energia. O processo é representado por:

$$_{56}Ba^{137} \rightarrow {}_{56}Ba^{137} +$$

A Figura 1.4 mostra o comportamento dos três tipos de emissão por nuclídeos na presença de um campo elétrico criado por duas placas metálicas eletrizadas com cargas opostas. Observamos que: a) as partículas alfa positivas se desviam na direção da placa negativa; b) as partículas beta negativas são atraídas pela placa positiva; e c) a radiação gama, que não apresenta carga elétrica, segue em trajetória reta. Os três tipos de emissão, porém, podem sensibilizar a chapa fotográfica na qual incidem.

Figura 1.4 – Efeito de um campo elétrico sobre emissões radioativas

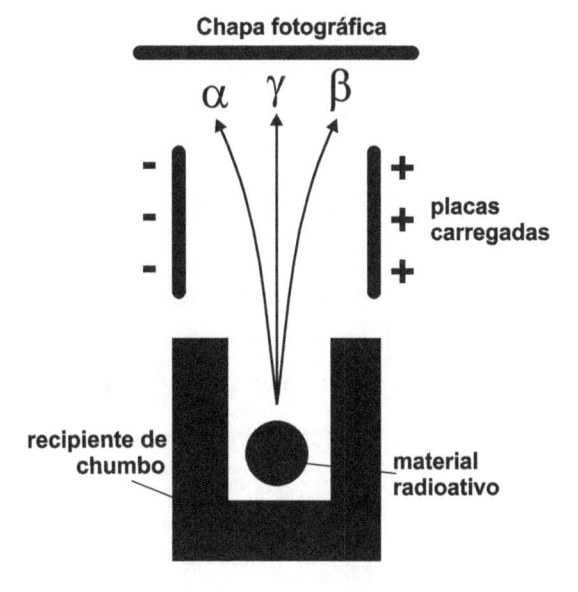

As emissões radioativas interagem com a matéria de maneiras diferentes; assim, as partículas alfa são pouco penetrantes, pois são emitidas dos núcleos com baixas velocidades, além de apresentarem carga elétrica (dois prótons), o que dificulta o seu movimento no interior da matéria. Essas partículas não conseguem atravessar uma folha de papel.

As partículas beta são mais penetrantes que as partículas alfa, pois são emitidas com maior velocidade e, por apresentarem menor carga elétrica (um elétron), se movimentam com maior facilidade. São capazes de atravessar uma chapa fina de chumbo.

A radiação gama, que não possui carga elétrica e é emitida com a velocidade de propagação da luz, penetra profundamente no interior da matéria e pode atravessar uma chapa de aço com cerca de 30 cm de espessura. Assim, em termos de poder de penetração na matéria, temos:

> radiação gama > partícula beta > partícula alfa

As partículas alfa e beta e a radiação gama são capazes de ionizar as moléculas que encontram pelo caminho, isto é, são capazes de arrancar elétrons das moléculas, originando os íons. Segundo o poder de ionização de cada uma, temos:

> partícula alfa > partícula beta > radiação gama

Ao interagir com seres vivos, a radiação proveniente de materiais radioativos pode causar desde queimaduras superficiais até o aparecimento de doenças graves, como o câncer. Contudo, o uso adequado das radiações pode trazer benefícios, como a destruição de tecidos cancerosos, a esterilização de materiais cirúrgicos em hospitais, a conservação de sementes agrícolas por longo tempo e a determinação da idade de materiais antigos e fósseis em arqueologia.

1.3 Química Orgânica

A Química Orgânica trata dos compostos hidrogenados de carbono, que são abundantes na natureza. Dentre esses compostos, trataremos dos efeitos dos ácidos carboxílicos no nosso organismo, que são componentes importantes de alguns medicamentos e também dos cosméticos orgânicos, que se propõem a ser mais saudáveis que os seus similares convencionais.

1.3.1 Ácidos carboxílicos no cotidiano

O ácido carboxílico é um composto orgânico que apresenta na sua estrutura o radical mostrado na Figura 1.5.

Figura 1.5 – Radical do ácido carboxílico

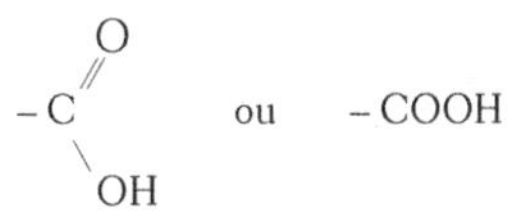

$$-C\begin{matrix}\nearrow O \\ \searrow OH\end{matrix} \quad \text{ou} \quad -COOH$$

Os ácidos carboxílicos estão presentes nos alimentos, no organismo animal e nas plantas.

Figura 1.6 – Ácidos carboxílicos

H – COOH ácido fórmico ou metanoico (formiga)	H_3C – COOH ácido acético ou etanoico (vinagre)	H_3C – $(CH_2)_2$ – COOH ácido butírico ou butanoico (manteiga)
H_3C – CH – COOH | OH ácido láctico (leite)	HO – C – C – OH || || O O ácido oxálico	ácido salicílico (analgésico)

Devido à grande importância desses ácidos em nosso cotidiano, selecionamos alguns por apresentarem algumas curiosidades. São eles:

~ **Ácido acético**: é responsável pelo sabor e pelo aroma do vinagre. É usado no preparo e na conservação de alimentos e como matéria-prima para a produção de plásticos e essências artificiais. Nas conquistas do império romano, os soldados faziam longas marchas e ingeriam pequenas quantidades de uma solução de vinagre de vinho, que provocava intensa salivação e, como consequência, diminuía a sensação de sede.

~ **Ácido cítrico**: é o responsável pela sensação de acidez que sentimos na boca quando ingerimos frutas como limão, laranja e abacaxi. Por exemplo: ao tomar uma limonada, sentimos um gosto ácido devido à presença do cátion H^+, que estimula os receptores de sabores presentes na língua.

~ **Ácido láctico**: é encontrado no nosso suor, nos nossos músculos, após uma atividade física intensa, e no leite azedo. A presença do ácido láctico explica o gosto ácido da transpiração.

~ **Ácido salicílico**: é encontrado na forma de ácido acetilsalicílico (AAS) em medicamentos para reduzir a febre, a dor e as inflamações. Não pode ser ingerido puro, pois provoca irritação nas mucosas da boca e da garganta. Uma vez no estômago, em contato com a água, se transforma novamente em ácido salicílico.

~ **Ácido fórmico**: tem esse nome porque é encontrado no veneno injetado pelas formigas quando estão em situação de perigo. O ácido fórmico ou metanoico tem emprego medicinal, no tratamento do reumatismo e na industrialização do gás carbônico, do ácido oxálico e de germicidas.

Devido ao metabolismo orgânico, a pele das pessoas elimina diferentes ácidos carboxílicos, dando a cada indivíduo um cheiro característico. Assim, utilizando o sentido do olfato, os cães são capazes de identificar os seus donos. Da mesma forma, a polícia utiliza cães treinados para encontrar pessoas desaparecidas, bastando que os animais cheirem uma peça de roupa utilizada previamente pela pessoa.

1.3.2 Os cosméticos

Os cosméticos são produtos utilizados para limpeza, proteção ou embelezamento da pele, como sabonetes, xampus, bases faciais, batons etc.

Os cosméticos convencionais são produzidos industrialmente e contêm substâncias como os parabenos, que funcionam como antitranspirantes, e o lauril sulfato de sódio, que apresenta características de detergente, além de produzir espuma. Há indícios de que essas substâncias possam ser prejudiciais à nossa saúde, mas ainda é prematuro afirmar que a sua presença torne os cosméticos convencionais produtos cancerígenos[*].

Um exercício simples para a verificação da composição de um cosmético convencional pode ser realizado facilmente por qualquer um de

---

[*] Para saber mais, acesse o *site* do Instituto Nacional do Câncer: http://www.inca.gov.br

nós. Examinamos a composição que consta nos rótulos de seis cosméticos convencionais encontrados no comércio, todos com certificados de garantia. O resultado obtido está ilustrado no Quadro 1.1.

Quadro 1.1 – Composição de alguns cosméticos convencionais

Produto	Contém
Base líquida (hidratante)	parabenos
Xampu (com ceramidas)	lauril éter sulfato de sódio
Condicionador (creme para pentear)	metil-parabeno
Hidratante para o corpo (creme de chocolate e frutas vermelhas)	propil parabeno, etil parabeno, butil parabeno e isobutil parabeno.
Pó compacto	metil-parabeno e propil parabeno
Creme dental	lauril sulfato de sódio

A novidade nesse setor são os cosméticos de origem orgânica, que são fabricados sem o uso de agrotóxicos, produtos transgênicos, herbicidas ou inseticidas. Além de serem produzidos com ingredientes naturais, os cosméticos orgânicos são apresentados por seus fabricantes como mais saudáveis por não usarem corantes, conservantes ou fragrâncias sintéticas, embora essa não seja a opinião de alguns dermatologistas (Lage, 2006).

Síntese

Neste capítulo, foi possível observar como a química está presente no nosso dia a dia. Verificamos que as diferentes ligações que ocorrem entre os átomos tornam possível a formação dos diferentes compostos presentes na natureza. Vimos que os metais utilizados na confecção das panelas podem interagir com os alimentos, transferindo a eles metais bons ou nocivos à nossa saúde. Abordamos alguns aspectos característicos da radioatividade, indicando o seu emprego na datação de objetos antigos e no tratamento de doenças graves.

Consideramos alguns aspectos das soluções-tampão, destacando a sua importância no funcionamento do nosso organismo e para a indústria farmacêutica. Mostramos, também, o modo correto de interpretar as informações contidas nos rótulos de algumas soluções encontradas no comércio. Alguns aspectos dos cosméticos convencionais e orgânicos foram, também, considerados.

Indicação cultural

Procure assistir ao documentário *O desastre de Chernobyl*. Fala sobre o pior acidente nuclear da história, ocorrido em 26 de abril de 1986, em Chernobyl, na antiga União Soviética, e que causou milhares de mortes e ferimentos em milhares de pessoas. (Dirigido por Thomas Johnson, EUA, 2006, 100 minutos)

Atividades de Autoavaliação

1. Com base na leitura do capítulo, marque (V) para as proposições verdadeiras e (F) para as falsas:
   ( ) Entre os átomos dos compostos orgânicos ocorre a ligação iônica.
   ( ) Os compostos orgânicos podem ser chamados de compostos moleculares.
   ( ) Os compostos iônicos formam estruturas rígidas, como as rochas.
   ( ) As ligações covalentes ocorrem por compartilhamento de pares de elétrons.

2. Sobre uma ligação metálica, é falso afirmar que:
   a) Ocorre entre átomos de metais.
   b) Os metais estão ligados pela força de atração entre cátions e elé-

trons da camada de valência.
c) Os metais são bons condutores de eletricidade e calor.
d) As ligas metálicas são feitas somente de metais.

3. Uma lata de alumínio e uma garrafa de vidro, cada uma contendo 350 ml de refrigerante, foram deixadas por várias horas na geladeira. Ao retirarmos, com as mãos desprotegidas, temos a sensação de que a lata está mais fria que a garrafa. É correto afirmar que:
a) A lata está realmente mais fria, devido aos íons que se formam no metal.
b) A lata e a garrafa têm a mesma temperatura. A sensação é devida à condutividade térmica do alumínio ser maior que a do vidro.
c) Por ser menor, a lata apresenta menor temperatura.
d) A garrafa possui condutividade térmica maior que a lata.

4. Quatro panelas rotuladas A, B, C e D foram identificadas com base nas seguintes propriedades:
~ Somente B proporciona o preparo de alimentos utilizando pouca gordura.
~ Apenas A e D formam uma camada protetora após fervura com água.
~ C é feita de metal que sofre corrosão.
~ Suspeita-se de que o metal de D seja prejudicial à saúde.
Assinale a alternativa que dê a sequência correta dos materiais de que são feitas as panelas:
a) Teflon, alumínio, ferro e aço inox.
b) Aço inox, alumínio, Teflon e ferro.
c) Aço inox, teflon, ferro e alumínio.
d) Alumínio, ferro, Teflon e aço inox.

5. Assinale (V) para as afirmativas verdadeiras e (F) para as afirmativas falsas:
   ( ) O metal das panelas que usamos no preparo de alimentos pode influenciar a nossa saúde.
   ( ) As panelas de ferro formam uma camada protetora de óxido de ferro devido à umidade.
   ( ) Na panela antiaderente, a camada de Teflon impede que o ferro de sua estrutura entre em contato com os alimentos.
   ( ) A acidez do alimento favorece a migração dos componentes da panela inox.

6. Marque (V) para as alternativas verdadeiras e (F) para as falsas:
   ( ) Um tipo de solução-tampão é aquele formado pela mistura de um ácido forte com um sal correspondente.
   ( ) O plasma sanguíneo mantém o pH em torno de 7,5 porque é uma solução tamponada.
   ( ) As soluções-tampão também são encontradas no suco gástrico.
   ( ) Um sistema formado de bicarbonato de sódio e carbonato de sódio pode funcionar como uma solução-tampão.

7. A adição de uma pequena quantidade de um ácido ou de uma base produzirá uma variação muito pequena no pH da solução-tampão de:
   a) $HCl/NaCl$
   b) $NaOH/NaCl$
   c) NH_4OH/NH_4Cl
   d) $HNO_3/NaNO_3$

8. O medicamento para inalação brometo de ipratrópio 0,025% tem um conteúdo de 20 ml. A quantidade de brometo de ipratrópio nesse conteúdo é de:
   a) 0,025 g
   b) 0,005 g
   c) 0,250 g
   d) 0,050 g

9. Assinale (F) para as alternativas falsas e (V) para as verdadeiras:
   ( ) As partículas alfa são constituídas de dois prótons e dois nêutrons.
   ( ) A radiação gama consiste de elétrons ejetados de núcleos atômicos.
   ( ) O núcleo atômico do potássio $_{19}K^{40}$ apresenta 19 prótons e 21 nêutrons.
   ( ) A técnica da datação é utilizada em arqueologia na determinação da idade de fósseis.

10. No processo de decaimento radioativo
    $$_{88}Ra^{226} \rightarrow\ _{86}Rn^{222} + x,$$
    a partícula x corresponde a:
    a) um elétron
    b) uma partícula alfa
    c) um nêutron
    d) um próton
    e) um átomo de hidrogênio

11. Assinale a alternativa incorreta:
    a) A radiação beta é mais penetrante que a radiação gama.
    b) A radiação alfa não atravessa uma fina folha de papel.
    c) A radiação gama é energia e não partícula.
    d) Radioisótopo é um nuclídeo emissor de radiação.

12. O ácido responsável pelo veneno da formiga é o:
    a) láctico
    b) acético
    c) metanoico
    d) butírico

13. Marque (V) para as alternativas verdadeiras e (F) para as falsas: o ácido láctico é o responsável pelo:
( ) Gosto ácido do suor humano.
( ) Cheiro da manteiga rançosa.
( ) Cansaço muscular.
( ) Sabor do leite azedo.

14. Leia com atenção as afirmativas sobre os cosméticos e marque (V) as verdadeiras e (F) para as falsas:
( ) Os parabenos funcionam como antitranspirantes.
( ) O lauril sulfato de sódio é detergente e produz espuma.
( ) Os produtos orgânicos não utilizam plantas transgênicas em sua composição.
( ) Está comprovado que os parabenos são cancerígenos.

15. A emissão proveniente de uma fonte radioativa é atraída por uma placa positiva. Podemos afirmar corretamente que:
a) A radiação é constituída de partículas alfa.
b) A radiação é constituída de partículas beta.
c) A radiação é constituída de raios gama.
d) A radiação é constituída de partículas sem carga elétrica.

16. Assinale a alternativa correta:
a) Na desintegração alfa, o núcleo emite elétrons.
b) Na desintegração beta, o núcleo emite prótons.
c) Na desintegração gama, o núcleo emite radiação.
d) A radiação gama é mais ionizante que as partículas alfa.

Atividades de Aprendizagem

1. Em 1987, na cidade de Goiânia, ocorreu um grave acidente envolvendo o material radioativo césio-137 proveniente de um aparelho de radioterapia abandonado num depósito de ferro-velho. Pesquise mais sobre esse tema em jornais e revistas da época e também na internet.
2. A crosta terrestre é constituída de minerais que são sólidos de composição definida, concentrados em depósitos ou rochas, como o calcário, que contém o mineral calcita ($CaCO_3$). Complete o texto explicando de quais minérios vêm os metais ferro, alumínio e cromo e qual é a maneira de minimizar o problema de escassez de minérios no futuro.

Atividades Aplicadas: Prática

1. Organize uma lista com alguns medicamentos que contenham o ácido acetilsalicílico.
2. Elabore um texto sobre as panelas que usamos no preparo de alimentos. Descreva as vantagens e as desvantagens que observamos em cada uma delas, como a beleza, o peso, a conservação, o preço, o sabor dos alimentos depois de preparados, a fragilidade e o tempo de aquecimento.
3. No quadro a seguir, são apresentados alguns produtos usados na remoção de gorduras, tintas, graxas e outros tipos de sujeira. Complete o quadro com a fórmula molecular de cada produto.

Produto	Composição química	Fórmula molecular
Água sanitária	Hipoclorito de sódio	
Soda cáustica	Hidróxido de sódio	
Álcool	Etanol	
Acetona	Propanona	
Amoníaco	Hidróxido de amônio	
Ácido muriático	Ácido clorídrico	

4. Examine os rótulos de alguns cosméticos encontrados em supermercados e verifique quais deles contêm as substâncias citadas no capítulo.
5. Faça uma lista contendo alguns produtos de limpeza que apresentam sua concentração em título em porcentagem.

Capítulo 2

Neste capítulo, serão abordados alguns temas que estão em evidência, como a poluição química do meio ambiente, os alimentos contendo gordura trans e o esgotamento de recursos naturais não renováveis. Esses temas foram selecionados por estarem intimamente ligados à qualidade de vida dos seres humanos.

Vivemos na superfície terrestre e dependemos do solo para plantar e extrair recursos naturais, como petróleo, carvão, gás e minerais que sustentam nosso conforto. Necessitamos do ar e da água para viver, entretanto, apesar dessa dependência, contaminamos o meio ambiente e pouco fazemos para evitar o esgotamento dos recursos naturais.

Em seguida, para cada assunto abordado, analisaremos as causas, os efeitos e, principalmente, as medidas que devemos tomar para solucionar os problemas que afetam a nossa saúde ou o meio ambiente.

Temas polêmicos atuais e a Química

2.1 A poluição química do meio ambiente

A poluição pode ser considerada como a incapacidade que um local tem de se recuperar por reciclagem natural. Ela pode ocorrer no ar, na água e no solo, geralmente, por poluentes de natureza química resultantes de atividades humanas. Consideramos poluente qualquer substância que, eventualmente, venha a causar incômodo, desconforto ou perigo para o homem, os demais animais ou o meio ambiente.

Os países industrializados, embora apresentem uma pequena parcela da população mundial, são responsáveis pela maior parte da poluição global. O processo de industrialização nesses países provocou um enorme aumento na emissão de gases, como o dióxido de enxofre e o dióxido de carbono, que criam verdadeiras cortinas de fumaça nas grandes cidades industriais.

Fenômenos como o efeito estufa, a chuva ácida e a diminuição da camada de ozônio são consequências diretas da poluição atmosférica.

O emprego de quantidades crescentes de agentes químicos artificiais na fabricação industrial de produtos como remédios, fertilizantes e alimentos, aumentou de maneira significativa o número de agentes poluentes. Entre eles, destacam-se: os resíduos industriais e domésticos lançados em rios, lagos e mares; os defensivos agrícolas, como o DDT (diclorodifeniltricloroetano) e as peças de amianto, utilizadas largamente na construção civil. Também é motivo de preocupação a radiação nuclear decorrente do lixo atômico, um subproduto da geração de energia em usinas nucleares ou proveniente do manuseio inadequado de dispositivos que utilizam materiais radioativos, tanto na indústria como no uso médico.

Outras formas de poluição são os esgotos sem tratamento. Além da grande quantidade de material que é lançada ao meio ambiente, decorrente de acidentes rodoviários, fluviais ou marítimos, que se caracterizam como verdadeiros desastres ecológicos.

Os efeitos da poluição se apresentam de diferentes formas: para o homem estão ligados à sua saúde, como as alergias, os problemas respiratórios, as lesões no sistema nervoso e até o câncer; para o meio ambiente são os impactos como o efeito estufa, a chuva ácida, a redução da camada de ozônio e os efeitos poluentes produzidos pelos detergentes e plásticos.

No Quadro 2.1 listamos alguns poluentes e suas respectivas fontes.

Quadro 2.1 – Poluentes do meio ambiente e suas fontes

Poluente	Fonte
Monóxido de carbono	Emitido de veículos
Dióxido de carbono	Emitido de veículos Combustão doméstica e industrial
Dióxido de enxofre	Combustão doméstica Usinas termelétricas Refinarias de petróleo Siderúrgicas
CFCs	Aerossóis Indústrias de refrigeração Espuma plástica
DDT	Pesticidas orgânicos sintéticos
Substâncias tensoativas	Detergentes
Polímeros	Plásticos e isopor Tecidos sintéticos
Radiação nuclear	Usinas nucleares Aparelhos que usam material radioativo

A seguir, trataremos com mais detalhes dos mecanismos que produzem impactos ambientais.

2.1.1 O efeito estufa

Esse efeito ocorre pela retenção do calor da Terra na atmosfera por uma capa de gases como o metano (CH_4), os clorofluorcarbonetos (CFCs) e, principalmente, o dióxido de carbono (CO_2). Essa capa funciona como o vidro de uma estufa, permitindo que a radiação luminosa proveniente do Sol penetre na atmosfera, mas impedindo que parte do calor procedente da superfície terrestre se dissipe no espaço. Esse processo resulta no aumento da temperatura da atmosfera, gerando o chamado aquecimento global.

A maior parte dos gases que ocasiona o efeito estufa é produzida naturalmente na superfície terrestre, mas em taxas compatíveis com a estabilidade do meio ambiente. Por exemplo: o dióxido de carbono, além de ser produzido por seres vivos, é também um subproduto da utilização de combustíveis fósseis, como o petróleo e o carvão, assim como da queima de campos e florestas. No entanto, o rápido crescimento industrial dos países, acompanhado da elevação dos níveis de poluição, aumentou a quantidade desses gases na atmosfera, afetando o equilíbrio do meio ambiente.

O crescimento populacional humano e também de animais (criados para a alimentação), além do aumento dos dejetos orgânicos produzidos por essas populações, agrava o problema; os desflorestamentos também intensificam o processo de aquecimento global, uma vez que as árvores absorvem o dióxido de carbono.

Pesquisadores da área meteorológica alertam a respeito das consequências nocivas do aquecimento global para o meio ambiente (Folha..., 2006). O degelo crescente na Antártida, a perda de parte do gelo perene do Ártico em um ano e o aumento do número e da intensidade dos furacões mostram o agravamento do efeito estufa. As previsões para as próximas décadas não são nada animadoras, se continuarmos no ritmo atual. Estima-se que, com o degelo das calotas polares, os oceanos avançarão, inundando regiões povoadas próximas às fozes dos rios, provocando o desaparecimento de ilhas e de regiões de costa marítima. Como consequência, experimentaremos modificações climáticas que provocarão a desertificação, afetando as áreas produtoras de alimentos. Alguns pesquisadores menos otimistas acreditam que o andamento do processo de aquecimento global dificilmente poderá ser revertido, de modo que a criação de acordos internacionais de combate à emissão de gases poluentes na atmosfera, principalmente o gás carbônico, só impede que a situação não piore.

O Protocolo de Kyoto é um acordo internacional que tem o objetivo de reduzir, em níveis diferenciados, a emissão de gases que produzem o efeito estufa por países industrializados, bem como adequar os níveis de emissão pelos países em desenvolvimento. O acordo, que foi criado em 1997, na cidade de Kyoto, no Japão, prevê que, entre 2008 e 2012, os países industrializados reduzam suas emissões de gases em torno de 5% em relação aos níveis de 1990. O Protocolo estabelece que os países que compõem a União Europeia deverão apresentar uma redução de 8% em relação aos níveis de 1990; e para os Estados Unidos a redução estabelecida foi de 7% no mesmo período. Para os países em desenvolvimento, como o Brasil e a Índia, o índice de redução de emissão ainda não foi definido.

O Protocolo de Kyoto estabelece, ainda, que, além da redução de gases poluentes na atmosfera, deve ocorrer a substituição do uso de combustíveis fósseis, como o petróleo, por fontes alternativas, como a energia elétrica e o gás natural.

A necessidade de um acordo internacional para a preservação do meio ambiente torna-se evidente, quando comparamos as desigualdades regionais. Por exemplo: estima-se que cada cidadão norte-americano consome, em média, tanta energia quanto quatro cidadãos suíços ou três italianos. Embora os Estados Unidos consumam muita energia e liberem uma grande quantidade de poluentes na atmosfera, se retiraram do acordo em 2001.

Um aspecto interessante é que as florestas podem ser usadas como sumidouros do gás dióxido de carbono lançado no ar pela queima de combustíveis fósseis. Elas funcionam como verdadeiros filtros, pois retiram o carbono existente na atmosfera e o transformam em biomassa (madeira, raízes e folhas). Assim, nesse processo de regulamentação do uso adequado do meio ambiente, o Brasil, com a Amazônia, desempenha um papel relevante no cenário internacional.

2.1.2 A chuva ácida

A atmosfera terrestre é uma região em que ocorrem inúmeros processos físicos e químicos. Ela absorve uma grande quantidade de partículas sólidas, líquidas e gasosas provenientes de fontes naturais e de atividades humanas.

Com o pH de 5,6, a chuva é naturalmente ácida, devido à presença do ácido carbônico (H_2CO_3) formado pela reação entre o gás carbônico e a água presentes na atmosfera, segundo a reação:

$$CO_2 + H_2O \rightarrow H_2CO_3$$

Uma precipitação atmosférica é considerada "chuva ácida" se apresentar uma acidez maior que a da chuva natural, isto é, se o valor do pH for inferior a 5,6. Na cidade de São Paulo, por exemplo, já ocorreram precipitações com pH em torno de 4,0.

A queima de combustíveis fósseis produz a emissão dos gases dióxido de enxofre (SO_2) e óxidos de nitrogênio (NO e NO_2). Assim, as reações que ocorrem na formação da chuva ácida são:

$$SO_2 + H_2O \rightarrow H_2SO_3$$
$$SO_3 + H_2O \rightarrow H_2SO_4$$
$$2\,NO_2 + H_2O \rightarrow HNO_2 + HNO_3$$

Para o meio ambiente, a chuva ácida apresenta consequências danosas, como destruição de florestas, empobrecimento do solo, danos a prédios e monumentos, aumento da acidez dos rios e corrosão de metais; além disso, pode ser perigosa para os seres vivos. Quando se torna uma solução diluída de ácidos nítrico e sulfúrico e é transportada pela ação dos ventos, pode cair a grandes distâncias de onde se formou.

Os efeitos da chuva ácida exigem medidas preventivas, pois se tornaram um problema muito sério nos grandes centros urbanos, nos complexos industriais e nas regiões em que há mineradoras de carvão (as quais liberam grandes quantidades de gás carbônico).

Um exemplo é dado pelas grandes cidades, como São Paulo e Londres, nas quais é feito o sistema de rodízio de veículos (veículos com placas de final par circulam somente em dias determinados da semana e os de final ímpar nos demais dias), para amenizar os efeitos da poluição. Para os casos extremos de concentração de poluentes na atmosfera, como no complexo industrial de Cubatão, no estado de São Paulo, quando os índices de poluição tornam-se muito altos, é necessária a parada completa das atividades industriais.

Para combater a chuva ácida e os demais poluentes encontrados na atmosfera, a comunidade internacional tem procurado convencer os países industrializados a adotar várias medidas de caráter preventivo. Entre elas, destacam-se as seguintes: melhorar a eficiência das combustões, tornando-as mais completas e diminuindo a emissão de monóxido de carbono; utilizar filtros industriais para reduzir a emissão do SO_2; incentivar a produção de carros elétricos ou movidos a gás hidrogênio; estimular a utilização de outras fontes de energia, diminuindo gradativamente a dependência dos combustíveis fósseis; combater o desflorestamento, além de incentivar o aumento das áreas verdes, pois elas são importantes consumidoras do gás carbônico.

2.1.3 A redução da camada de ozônio

A camada de ozônio (O_3) que envolve a Terra diminui a penetração da radiação ultravioleta do Sol, protegendo, dessa maneira, toda a vida no planeta. Como sabemos, o excesso de radiação ultravioleta produz, entre outros males, câncer de pele.

No início da década de 1980[*], foi detectado um buraco na camada de ozônio localizado sobre a Antártida; a partir daí, tem se observado a redução da camada de ozônio em várias regiões do planeta.

A destruição da camada de ozônio é causada pelos gases clorofluorcarbonos (CFCs), que são largamente utilizados como propelentes de aerossóis, como fluidos em refrigeradores e na produção de embalagens de espuma. A Figura 2.1 ilustra exemplos dos CFCs.

Figura 2.1 – Exemplos dos gases CFCs: a) Freon-11, b) Freon-12

a)
$$\text{Cl}-\underset{\underset{\text{Cl}}{|}}{\overset{\overset{\text{Cl}}{|}}{\text{C}}}-\text{F}$$

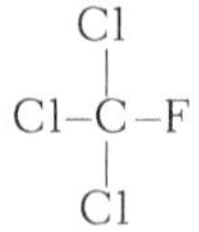

b)
$$\text{Cl}-\underset{\underset{\text{F}}{|}}{\overset{\overset{\text{Cl}}{|}}{\text{C}}}-\text{F}$$

Ao serem liberadas na atmosfera, as moléculas dos CFCs atingem elevadas altitudes e, nessas regiões, são bombardeadas pelos raios solares, que provocam a separação do cloro e do carbono. O cloro, por sua vez, destrói as moléculas de ozônio, formando os buracos de proteção na atmosfera, por onde os raios ultravioletas, provenientes do Sol, passam e atingem a superfície terrestre.

---

[*] Para saber mais, consulte: http://www.theozonehole.com/jonathanshanklin.htm

Vários acordos internacionais foram firmados com o objetivo de eliminar o emprego industrial dos CFCs. Em 1987, sob o patrocínio da Organização das Nações Unidas (ONU), um grupo de 31 países, incluindo o Brasil, assinou o Protocolo de Montreal, que fixa o ano de 2010 como a data-limite para o término do uso industrial dos clorofluorcarbonos.

2.1.4 Efeito dos detergentes e dos plásticos no meio ambiente

Os detergentes sintéticos surgiram durante a Segunda Guerra Mundial devido à escassez de gorduras, que são o principal componente dos sabões naturais. Os detergentes sintéticos são sais de sódio de ácidos sulfônicos que não produzem depósitos, podendo ser usados até em água sem tratamento, pois mesmo nesse meio não perdem o seu poder espumante.

Os detergentes são classificados como duros ou brandos. A Figura 2.2 ilustra as fórmulas estruturais de cadeias de detergentes biodegradáveis (brandos) e não biodegradáveis (duros).

Os detergentes duros diferem dos brandos por apresentarem a cadeia lateral ramificada e por resistirem à biodegradação, ou seja, não são degradados por bactérias. Possuem elevada porcentagem de fosfatos para aumentar o poder de limpeza e apresentam o efeito espumante observado nas estações de tratamento de esgotos e nos rios.

Figura 2.2 – a) cadeia biodegradável (sem ramificação), b) cadeia não biodegradável

A maioria dos detergentes causa danos ao meio ambiente, pois elimina muitos microorganismos ou inibe o seu crescimento, provoca o crescimento excessivo das algas e de outras formas de vida vegetal, além de diminuir a quantidade de oxigênio dissolvido na água, ocasionando a morte de peixes. A solução para esse problema está na indústria substituir o fosfato e os aditivos que tornam os detergentes não biodegradáveis por componentes que não tragam impactos para o meio ambiente.

Os plásticos, por outro lado, são polímeros, ou seja, substâncias constituídas por moléculas muito grandes. Eles compõem uma grande quantidade de materiais utilizados no nosso dia a dia, como o náilon, o PVC (cloreto de polivinil), o Teflon (politetrafluoreteno), o poliéster e o silicone.

Por serem fáceis de manusear e terem capacidade de imitar materiais naturais, os plásticos passaram a ser usados em grande escala, causando, assim, grandes impactos no meio ambiente pelo seu descarte em aterros sanitários.

Os materiais contendo plásticos, por serem não degradáveis, ainda conservam as suas propriedades físicas durante muito tempo, quando expostos ao meio ambiente. Assim, as áreas de aterro sanitário, onde há grandes quantidades de lixo, não poderão ser reaproveitadas para a agricultura ou a construção civil.

Vivemos numa sociedade de consumo, em que a maioria dos produtos tem polímeros em sua composição, como embalagens, eletrodomésticos, brinquedos e utensílios, e são descartados após o uso. Dessa forma, a incineração do lixo contendo plásticos é uma das soluções para o seu descarte, desde que haja controle das emissões, pois nesse processo são lançadas no ar substâncias tóxicas, como os ácidos clorídrico e cianídrico, além da amônia.

A reciclagem é uma ótima solução, pois permite a transformação de materiais em novos objetos. Esse processo ainda é limitado, porque exige separação e coleta corretas. Assim, as campanhas educativas que estimulam os cidadãos a realizarem a coleta seletiva do lixo domiciliar são muito importantes, como a que é desenvolvida atualmente pela prefeitura de Curitiba*.

A fabricação de novos materiais plásticos que sejam biodegradáveis no meio ambiente está, ainda, em fase de pesquisa. Como exemplos de utilização desses materiais, temos a adição de amido na fabricação do polímero, de modo a transformar os objetos de plástico em minúsculos pedaços quando o amido se degradar e a adição de substâncias fotossensíveis que auxiliem o plástico a se decompor pela ação da luz solar (Da Róz, 2003).

2.2 Gorduras trans e a nossa saúde

As gorduras transaturadas, também conhecidas como gorduras trans, são prejudiciais à nossa saúde, pois seu uso na alimentação está relacionado com o aumento do colesterol total, do colesterol ruim (LDL), além de diminuir o colesterol bom (HDL), aumentando os riscos de infartos e derrames cerebrais (Agência Nacional de Vigilância Sanitária, 2007).

As gorduras trans podem resultar de um processo químico industrial no qual a gordura poli-insaturada é transformada em gordura transaturada. O objetivo desse processo é transformá-la em produtos mais sólidos e fáceis de serem manipulados na fabricação de alimentos como balas, biscoitos, chicletes, chocolates, salgadinhos, sorvetes, pipocas para micro-ondas etc.

A gordura poli-insaturada usada nesse processo é também chamada de óleo porque, em temperatura ambiente, se apresenta no estado

---

* Para saber mais, acesse: http://www.curitiba.pr.gov.br

líquido, diferenciando-se, assim, da gordura saturada que se apresenta no estado sólido.

Esses óleos são mistura de ésteres de ácidos graxos e glicerol, nos quais predominam os ésteres de ácidos graxos insaturados.

Os ácidos graxos insaturados podem ser divididos em monoinsaturados, como o ácido oleico, que tem apenas uma ligação dupla; e poli-insaturados, como o ácido linoleico, que apresenta duas ligações duplas. O Quadro 2.2 apresenta alguns ácidos graxos mais frequentes em gorduras e óleos.

Quadro 2.2 – Ácidos graxos presentes em gorduras e óleos

Ac. graxo	Fórmula	Cadeia	Exemplos
Palmítico	$CH_3 - (CH_2)_4 - COOH$	Saturada	Gorduras: banha, manteiga, presunto.
Esteárico	$CH_3 - (CH_2)_{16} - COOH$		
Oleico	$CH_3 - (CH_2)_7 - CH=CH - (CH_2)_7 - COOH$	Insaturada	Óleos: soja, milho, canola, azeite de oliva.
Linoleico	$CH_3 - (CH_2)_5 - CH=CH - CH=CH - (CH_2)_7 - COOH$		

Uma forma simples utilizada para verificar o número de insaturações nos óleos é o teste do iodo, que consiste na observação da intensidade da coloração final de diferentes tipos de óleos nos quais adicionamos a mesma quantidade de iodo. Quanto menos intensa for a coloração adquirida pela amostra, maior é o número de insaturações do óleo que estamos analisando.

O óleo que contém ácidos graxos poli-insaturados pode ser transformado em gordura trans, quando submetido à hidrogenação catalítica. Esse processo consiste na adição de hidrogênio (H_2) às duplas ligações dos óleos, obtendo, assim, produtos como a gordura vegetal hidrogenada e a margarina. Genericamente, temos:

$$\text{óleo} + nH_2 \rightarrow \text{gordura}$$

em que n representa o número de moléculas de H_2 no processo de hidrogenação catalítica.

Já que as gorduras transaturadas fazem mal à nossa saúde, é recomendável que optemos por produtos alimentícios industrializados que não contenham essa substância, o que pode ser verificado pela análise do seu rótulo.

2.3 Esgotamento dos recursos naturais não renováveis

Recursos naturais não renováveis são aqueles que, uma vez retirados da natureza, não podem mais ser regenerados. A Terra possui vários desses recursos, como os minerais, o petróleo e o gás natural, os quais só podem ser utilizados uma vez.

Os recursos minerais podem ser retirados de minérios como os metais ferro, alumínio, manganês, cromo, titânio, cobre, chumbo e urânio.

São conhecidos cerca de 80 tipos de metais, usados na forma pura ou em ligas metálicas para a fabricação de joias, motores, aviões, navios, utensílios, veículos, moedas etc. O desenvolvimento tecnológico das sociedades modernas fez aumentar o consumo de minérios, muitos dos quais se esgotarão em alguns séculos. As reservas de minério de ferro existentes no Brasil, por exemplo, são estimadas em cerca de 17 bilhões de toneladas (Andrade, 2007) e, persistindo o consumo de 240 milhões de toneladas por ano (Companhia..., 2007), teremos o esgotamento dessas reservas dentro de um século.

Entre os recursos naturais não renováveis, os compostos orgânicos de origem fóssil, como o petróleo, o gás natural e o carvão mineral, são de grande importância como fontes de energia e como matérias-primas para as indústrias. Vamos nos deter no petróleo, por ser o recurso natural que apresenta maior importância estratégica e econômica.

O petróleo é um recurso natural não renovável muito explorado pelo homem porque sua composição química é fonte de muitos produtos de grande utilização, como gasolina, óleo diesel, benzeno, querosene, éter de petróleo, lubrificantes, graxas e parafinas. Seus subprodutos são utilizados na indústria para a fabricação de plásticos, borracha e fibras sintéticas, tintas, adesivos, medicamentos, produtos de limpeza etc.

O petróleo é explorado tanto em terra como no mar, sendo os países maiores produtores a Arábia Saudita, a Rússia, os Estados Unidos e o Irã. O Brasil destaca-se por possuir tecnologia na prospecção de petróleo em águas submarinas profundas[*]. O petróleo certamente terá suas reservas esgotadas em algum momento, e as estimativas mais otimistas acreditam que isso deverá ocorrer num prazo máximo de 50 anos (Bacoccolli, citado por Chagas, 2004), de modo que é importante que nos preocupemos não só com o uso racional desse combustível como também com a pesquisa de novas fontes de energia não poluidoras.

Com esse propósito, em 2002, na Cúpula Mundial sobre o Desenvolvimento Sustentável (também conhecida como Rio + 10), realizada em Joanesburgo, na África do Sul, o Brasil propôs um aumento de 10%, até 2010, na porcentagem correspondente às fontes renováveis de energia utilizadas pelos países. No entanto, essa proposta foi derrotada por pressão dos EUA e dos países produtores de petróleo.

---

[*] Para saber mais, acesse: http://www2.petrobras.com.br/portugues/index.asp

2.4 Fontes renováveis de energia

O agravamento das condições de deterioração do meio ambiente, como o causado pela chuva ácida e pelo efeito estufa, além da perspectiva de extinção de reservas naturais, como o carvão e o petróleo, têm conduzido as pesquisas científicas numa direção que leve à descoberta de novas fontes de energias renováveis e não poluentes. Entre essas fontes, temos os ventos, a água, a luz solar e os restos de matéria orgânica encontrados na natureza, todos abundantes no Brasil.

A seguir, conheceremos os tipos de energia não poluentes, eólica, hídrica, solar, biomassa:

- ~ A energia eólica, que é gerada pelos ventos, pode ser captada por cata-ventos e, então, movimentar turbinas utilizadas na geração de energia elétrica. Esse pode ser um processo bastante útil para pequenas propriedades rurais.
- ~ A energia hídrica decorre do aproveitamento da movimentação da água dos rios ou das ondas marítimas. Seu emprego é adequado para pequenas propriedades que possuam rios ou em regiões litorâneas, para o aproveitamento dos movimentos das marés.
- ~ O nosso país apresenta um vasto território, que recebe grande quantidade de luz do Sol o ano inteiro; assim, é bastante adequado para o emprego de painéis que captem a energia solar que pode ser transformada em energias térmica ou elétrica.
- ~ A biomassa tem como fonte os materiais orgânicos existentes na natureza, tanto os produtos provenientes da agricultura como os resíduos dos animais. Então, por exemplo, a combustão do gás metano proveniente de aterros sanitários pode ser utilizada na geração de energia térmica.

No Brasil, desenvolvem-se intensas pesquisas para a produção do biodiesel, que é um combustível derivado de fontes renováveis como os óleos de mamona, dendê, girassol e soja*. Com emprego do biodiesel – além do álcool, que já é utilizado em grande escala – poderemos reduzir consideravelmente a poluição ambiental, bem como substituir o emprego do diesel derivado do petróleo, utilizado como combustível para veículos de transporte de cargas.

Síntese

Neste capítulo, tratamos de temas de grande evidência na atualidade, como a poluição química do meio ambiente, a presença das gorduras trans nos alimentos e o esgotamento de recursos naturais não renováveis. A possibilidade de utilizar fontes renováveis de energia que poluem menos o meio ambiente e que são abundantes em nosso país, como os ventos, a força da água, a luz do Sol e a biomassa, foram discutidas. Todos esses temas afetam, direta ou indiretamente, a qualidade de vida dos seres humanos e devem ser alvo de nossa reflexão.

Constatamos, também, que os problemas que geram a degradação do meio ambiente são causados pela ação do homem, de modo que, com ações racionais da sociedade e ativa fiscalização dos governos, poderão ser minimizados.

Indicação cultural

Procure assistir ao filme *O dia depois de amanhã*. É uma obra de ficção científica que mostra como o aquecimento global provoca alterações

---

* Para saber mais, acesse: http://www.quimica.ufpr.br/lramos

climáticas extremas, que causam devastação e uma nova era glacial no planeta. (Dirigido por Roland Emmerich, EUA, 2004, 124 minutos)

Atividades de Autoavaliação

1. Assinale (V) para as alternativas verdadeiras e (F) para as falsas:
   ( ) O gás carbônico é o principal responsável pelo efeito estufa.
   ( ) As indústrias são as maiores fontes de emissão de gás carbônico.
   ( ) A Antártida perdeu parte do seu gelo perene devido ao aquecimento global.
   ( ) O efeito estufa ocorre pela retenção do calor da Terra na atmosfera.

2. O bilionário britânico Richard Branson prometeu investir três bilhões de dólares nos próximos dez anos para combater o aquecimento global. Segundo ele, "nossa geração herdou um mundo maravilhoso de nossos pais; não podemos ser os responsáveis por danos irreversíveis ao meio ambiente." (Bilionário..., 2006).
   Com relação ao combate do aquecimento global, é incorreto afirmar:
   a) As florestas podem ser usadas como sumidouros do gás dióxido de carbono lançado no ar.
   b) Utilizar filtros industriais melhora a qualidade do ar.
   c) Incentivar a produção de meios de transporte elétricos reduz a emissão de gases estufa.
   d) Estimular o uso de combustíveis fósseis reduz o efeito estufa.

3. Marque (V) para as alternativas verdadeiras e (F) para as falsas:
   ( ) A grande quantidade de objetos de plástico em aterros sanitários torna o solo improdutivo.
   ( ) Os detergentes aumentam a quantidade de oxigênio nos rios.

( ) A chuva ácida causa a corrosão dos metais.

( ) A camada de ozônio funciona como uma proteção das radiações solares.

4. Identifique a alternativa incorreta:
   a) Polímeros são compostos constituídos por moléculas grandes.
   b) Os detergentes são sais de sódio de ácidos sulfônicos que não produzem depósitos.
   c) Os detergentes duros são responsáveis pelo aparecimento da espuma nas estações de tratamento e nos rios.
   d) A incineração do lixo contendo plásticos é uma ótima solução para eliminá-lo.

5. Nas alternativas abaixo, assinale (V) para as proposições verdadeiras e (F) para as falsas:
   ( ) Os alimentos industrializados contêm corantes, sal e gorduras trans, que fazem mal à saúde.
   ( ) As gorduras transaturadas são obtidas a partir de gorduras saturadas de origem animal.
   ( ) A margarina é obtida pela hidrogenação catalítica de ácidos graxos insaturados.
   ( ) No teste com iodo, uma amostra de óleo apresentou uma coloração muito intensa. Isso significa que o óleo possui um número reduzido de insaturações.

6. As gorduras e os óleos de origem animal e vegetal, muito utilizadas no preparo de alimentos, são constituídos principalmente de:
   a) Ésteres de ácidos graxos e glicerol.
   b) Ésteres derivados de alcoóis de cadeia curta.
   c) Ácidos carboxílicos e glicerina.
   d) Ácidos carboxílicos alifáticos.

7. O petróleo é um combustível fóssil, oleoso e de cor escura encontrado no fundo do mar e em terra firme. É constituído por uma mistura complexa de compostos orgânicos, dentre os quais predominam os hidrocarbonetos. Com base nas informações do texto, marque a alternativa correta:

   a) O petróleo é um recurso energético renovável em curto prazo em razão da sua formação geológica.

   b) A exploração do petróleo ocorre apenas no mar.

   c) A utilização dos combustíveis fósseis é responsável pelo efeito estufa.

   d) O petróleo não contém hidrocarbonetos.

8. Marque (V) para as proposições verdadeiras e (F) para as falsas.
   A biomassa
   ( ) pode ser obtida do lixo orgânico domiciliar;
   ( ) é uma fonte limpa de energia que reduz a poluição ambiental;
   ( ) será, no futuro, a grande fonte de geração de energia;
   ( ) quase inexiste no Brasil.

9. Marque a alternativa incorreta. O biodiesel
   a) é um combustível degradável derivado de fontes renováveis de energia.
   b) ainda não é produzido em nosso país.
   c) pode substituir totalmente o diesel derivado de petróleo.
   d) pode ser obtido de óleos vegetais ou gorduras animais.

Atividades de Aprendizagem

1. Comente sobre as principais causas que contribuem para o agravamento da poluição atmosférica.
2. Sugira medidas que possam ser tomadas para diminuir os danos provocados ao ambiente e à saúde causados pela poluição do ar.
3. Comente o que aconteceria se a maior parte dos países do mundo adotasse o alto consumo de energia como o dos Estados Unidos.
4. Comente sobre a importância da educação nutricional nas escolas.
5. Apresente cinco vantagens para o nosso país da utilização da biomassa como fonte de energia.
6. Repita o item 5 para o biodiesel.

Atividades Aplicadas: Prática

1. Investigue alguns produtos alimentícios como bolacha recheada, biscoito de polvilho, biscoito *cream-cracker*, biscoito *waffer*, margarina, bolo recheado, salgados folheados e outros. Analise o valor nutricional desses produtos comparando com uma alimentação mais saudável.
2. Procure identificar em livros, revistas ou na internet fontes alternativas de energia, que poderiam solucionar o problema do esgotamento do petróleo.

Capítulo 3

A Química é uma ciência experimental, portanto, as atividades práticas desenvolvidas no laboratório são importantes, pois, além de despertarem o interesse e a curiosidade, oferecem ao aluno a oportunidade de aprender a manipular materiais e aparelhos dentro das técnicas e normas de laboratório. Além disso, levam o aluno a trabalhar em equipe, estimulando-o a participar, colaborar, organizar-se e trocar conhecimentos com colegas.

Neste capítulo, trataremos das normas de segurança necessárias para o trabalho em laboratório, da relação do instrumental básico para as aulas práticas, das técnicas para o preparo de soluções e do uso dos materiais e aparelhos. Apresentaremos, ainda, alguns experimentos como sugestões.

Consideramos também a possibilidade de não haver laboratório na escola, por isso, sugerimos algumas atividades práticas que poderão ser realizadas em sala de aula, usando materiais e substâncias de uso doméstico.

O laboratório de Química

3.1 Laboratório e suas normas de segurança

O laboratório deve ser um ambiente bem arejado e com boa iluminação. O espaço deve ser bem distribuído, contendo pias com torneiras, bancadas para as equipes, armários para guardar os materiais e reagentes, quadro-negro e extintor de incêndio.

No recinto do laboratório, é muito importante que o aluno tenha uma postura cuidadosa e responsável durante a realização dos experimentos. Esses cuidados ajudam a evitar acidentes e diminuem os gastos com reagentes, geralmente muito caros. As experiências são normalmente seguras, desde que feitas com seriedade.

É importante que os alunos sigam as seguintes normas de segurança:

~ Trabalhe com atenção, ordem e limpeza.
~ Siga as instruções do professor.
~ Faça a leitura do roteiro, antes de iniciar a prática.
~ Trabalhe em equipe, nunca sozinho.
~ Leia os rótulos dos frascos dos reagentes, antes de usá-los.
~ Não deixe os frascos de reagentes abertos.
~ Não cheire nem prove substância alguma.
~ Lave o material usado e deixe-o em ordem.
~ Evite acidentes, como se cortar ou queimar-se.
~ Em caso de acidente, comunique imediatamente o professor.

3.2 Instrumental básico para o laboratório de Química

As atividades no laboratório exigem que o aluno conheça, além das normas de segurança, os equipamentos básicos que o compõem. Nas Figuras 3.1 e 3.2 estão ilustrados os equipamentos mais usados; na sua maioria são dispositivos de vidro, que compõem o que se chama de vidrarias.

1) **Balão de fundo chato**: utilizado para aquecer líquidos e fazer reações com liberação de gases.

2) **Erlenmeyer**: usado para titular soluções, aquecer líquidos, dissolver substâncias e realizar reações.

3) **Copo de béquer**: apropriado para reações, dissolver substâncias, realizar precipitação e aquecimento de líquidos.

4) **Funil de vidro**: empregado para filtrações e transferência de líquidos.

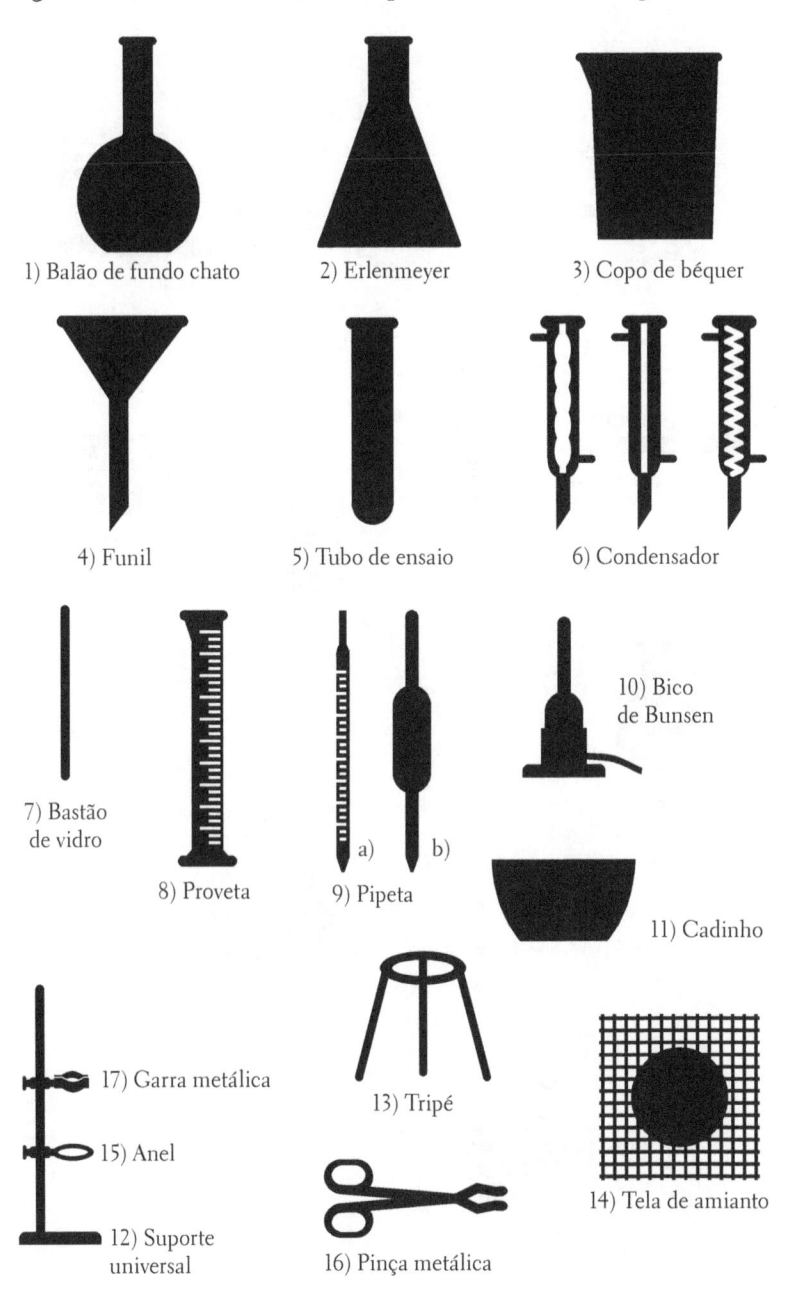

Figura 3.1 – Instrumental básico para o laboratório de química (1)

1) Balão de fundo chato
2) Erlenmeyer
3) Copo de béquer
4) Funil
5) Tubo de ensaio
6) Condensador
7) Bastão de vidro
8) Proveta
9) Pipeta a) b)
10) Bico de Bunsen
11) Cadinho
17) Garra metálica
15) Anel
12) Suporte universal
13) Tripé
16) Pinça metálica
14) Tela de amianto

Figura 3.2 – Instrumental básico para o laboratório de química (2)

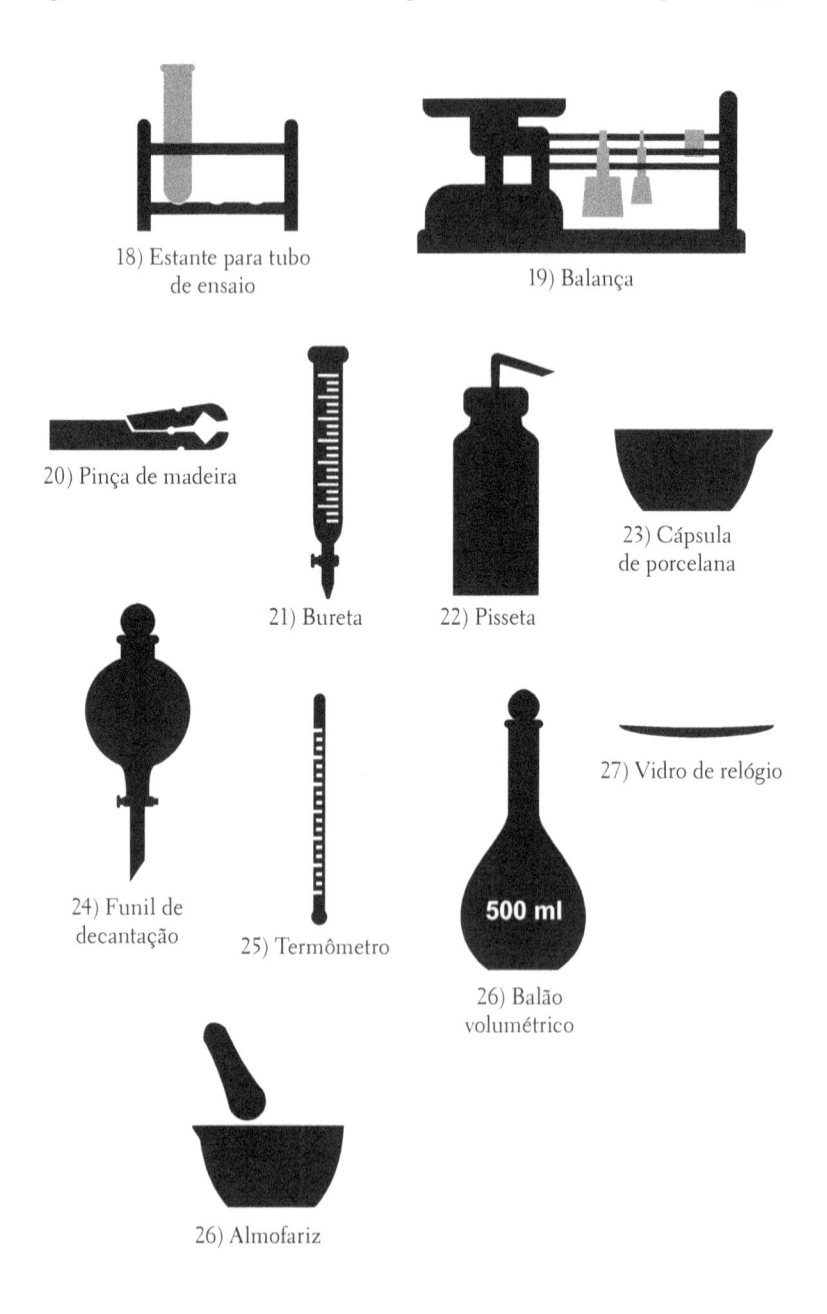

18) Estante para tubo de ensaio

19) Balança

20) Pinça de madeira

21) Bureta

22) Pisseta

23) Cápsula de porcelana

24) Funil de decantação

25) Termômetro

26) Balão volumétrico

27) Vidro de relógio

26) Almofariz

5) **Tubo de ensaio**: usado para realizar reações químicas em pequena escala. Com cuidado pode ser aquecido diretamente na chama.

6) **Condensador**: dispositivo para liquefazer vapores e realizar destilação.

7) **Bastão de vidro**: utilizado para agitar misturas, facilitando as reações.

8) **Proveta**: empregada para medir volumes de líquidos; não oferece grande precisão e não deve ser aquecida.

9) (a) **Pipeta graduada** e (b) **pipeta volumétrica**: são utilizadas para medir com exatidão volumes e transferir pequenos volumes de líquidos.

10) **Bico de Bunsen**: é a fonte de aquecimento empregada em laboratório.

11) **Cadinho**: é feito de porcelana e empregado para calcinação. Pode ser colocado diretamente na chama.

12) **Suporte universal**: sustenta peças de fixação.

13) **Tripé de ferro**: usado como apoio para a tela de amianto durante o aquecimento de várias peças.

14) **Tela de amianto**: evita o aquecimento direto das peças.

15) **Anel de metal**: é preso à haste do suporte universal. Sustenta o funil durante a filtração.

16) **Pinça metálica**: utilizada para segurar objetos quando são aquecidos.

17) **Garra metálica**: braçadeira usada para prender peças ao suporte universal.

18) **Estante de madeira**: apoio para tubos de ensaio.

19) **Balança**: empregada para pesagens.

20) **Pinça de madeira**: sustenta os tubos de ensaio na chama, evitando que se queime os dedos.

21) **Bureta**: usada em titulações e para medir volumes.

22) **Pisseta**: frasco para lavagem de materiais e recipientes por meio de jatos de água.

23) **Cápsula de porcelana**: usada para evaporar líquidos.

24) **Funil de decantação**: empregado para separar líquidos imiscíveis de misturas.

25) **Termômetro**: aparelho usado para medir a temperatura.

26) **Balão volumétrico**: recipiente de vidro com colo longo e fundo chato. Possui um traço de aferição no gargalo que indica a sua capacidade volumétrica; é usado na preparação de soluções para as titulações.

27) **Vidro de relógio**: peça de vidro usada para análise.

28) **Almofariz**: empregada para triturar sólidos.

3.3 Técnicas de laboratório

O preparo de uma solução começa com a medida do soluto que vamos utilizar: pesagem, se for sólido, ou medida do volume, se for líquido. Em seguida, passamos essa amostra para um béquer com água suficiente para a sua dissolução. Transferimos esse preparado para um balão volumétrico e completamos o volume com água até o traço de aferição.

As técnicas de laboratório que mostraremos a seguir evitam que ocorram erros, principalmente durante o preparo de soluções e realização de experimentos:

a) Evite colocar copos de béquer ou outros materiais de vidro diretamente na chama. É importante que os materiais fiquem sobre a tela de amianto para que não quebrem.

b) Para prepararmos uma solução de água com ácido: primeiro colocamos a água no copo de béquer, depois escoamos o ácido lentamente pelas paredes do copo. Isso evita o superaquecimento. Não devemos inverter essa ordem, principalmente ao manipular ácidos fortes.

c) Ao transferir um líquido para outro recipiente, recomendamos o uso de um bastão de vidro pelo qual deixamos escoar o líquido, evitando respingos do material.

d) A leitura da medida de volume de um líquido deve ser feita na altura dos olhos para visualizar melhor a parte inferior do menisco (curva que se forma na superfície do líquido), a qual marca a medida correta, como ilustra a Figura 3.3.

e) A amostra significa a porção do material que está sendo analisado. Por exemplo: uma amostra de solo com massa de 50 g ou uma amostra de vinho com volume de 90 ml.

f) Antes de efetuar uma pesagem, verifique se a balança está no nível e aferida corretamente.

g) O bico de Bunsen deve ser aceso com as janelas do anel (orifícios laterais) fechadas, para evitar que a chama se recolha para o interior do tubo.

h) Ao medir volumes, devemos evitar os seguintes erros: usar instrumentos inadequados e sujos, molhados ou com formação de bolhas, bem como o descontrole na velocidade de escoamento.

i) Ao queimar metais na chama, como o magnésio, devemos evitar olhar diretamente para a luz produzida na reação, pois ela é prejudicial aos olhos.

j) Na pipetagem de líquidos tóxicos e perigosos, devemos utilizar uma pipeta volumétrica e efetuar a sucção com uma pera de borracha na parte superior da pipeta. Esse procedimento evita a inalação dos produtos.

Figura 3.3 – Leitura de volume de um líquido em um menisco

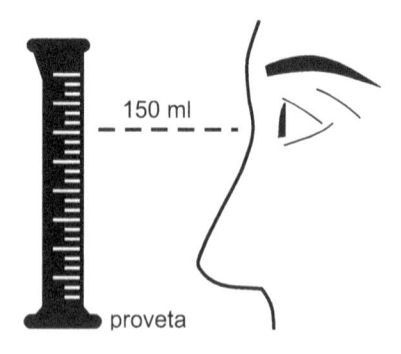

3.4 Sugestões de aulas práticas

O roteiro de uma aula prática deve ser dividido nas seguintes partes: nome da prática, fundamentação teórica, objetivos, material utilizado, reagentes, procedimento e questões sobre a aula prática. A seguir, como exemplo, descrevemos um roteiro para uma aula prática.

a) **Aula prática: reconhecimento das funções orgânicas oxigenadas**

Fundamentação teórica

A função orgânica oxigenada é um conjunto de compostos que apresentam oxigênio no seu grupo funcional, diferenciando-se, assim, de um hidrocarboneto, que é formado apenas de carbono e hidrogênio. Os principais compostos orgânicos oxigenados são: álcool, aldeído, ácido carboxílico, cetona, fenol, éter e éster.

Podemos investigar a presença de oxigênio em um composto orgânico através do teste com o iodo. Ele indica através da cor castanha quando há oxigênio no composto e através da cor avermelhada quando falta, como no caso dos hidrocarbonetos.

Objetivo

Identificar a presença de oxigênio em um composto orgânico.

Materiais utilizados
Sete tubos de ensaio, estante para os tubos e pipetas.

Reagentes
Álcool (etanol), gasolina (contém hidrocarbonetos), vinagre branco (ácido acético), acetona (propanona), éter sulfúrico (etóxietano), benzina (benzeno), querosene (contém hidrocarbonetos) e iodo.

Procedimento
Enumeramos os tubos de ensaio e em cada um colocamos 2 ml dos sete primeiros reagentes. A seguir, adicionamos uma pequena pitada de iodo em cada um. Anotamos as mudanças de cor que ocorreram nas amostras.

Observação: não devemos deixar os frascos de reagentes abertos. Usamos pipetas com pera de borracha para sucção, pois as substâncias são tóxicas.

Questões
1) Construa uma tabela com os resultados obtidos.

Resposta:

Reagente	Cor	Presença de oxigênio
álcool	castanho	sim
gasolina	vermelho	não
vinagre	castanho	sim
acetona	castanho	sim
éter	castanho	sim
benzina	vermelho	não
querosene	vermelho	não

2) Quais são os elementos químicos presentes na gasolina, no querosene e na benzina?

Resposta: todos esses produtos são misturas de hidrocarbonetos e possuem os elementos químicos carbono e hidrogênio.

3) Escreva as fórmulas estruturais para os compostos abaixo:
   a) álcool etílico
   b) ácido acético
   c) acetona
   d) pentano
   e) éter sulfúrico

Resposta:
a) $CH_3 - CH_2 - OH$
b) $CH_3 - COOH$
c) $CH_3 - C - CH_3$
       $\|$
       O
d) $CH_3 - (CH_2)_3 - CH_3$
e) $CH_3 - CH_2 - O - CH_2 - CH_3$

As atividades práticas descritas a seguir não obedecem ao roteiro anteriormente descrito. Cada parte de qualquer das atividades pode ser usada como uma aula prática.

b) Atividade prática 1: medindo massa e volume

Material: pedra, borracha, balança, proveta, pipeta, balão volumétrico e um pedaço de metal qualquer.

1ª parte: ensinamos aos alunos como utilizar a balança seguindo as técnicas de pesagem. Em seguida, eles poderão pesar alguns objetos como borracha, pedra, metal etc.

2ª parte: mostramos aos alunos as técnicas de medidas de volume numa proveta, pipeta e balão volumétrico, fazendo sugestões de volumes a serem medidos, como 2 ml, 5 ml, 10 ml etc.

3ª parte: podemos medir o volume de uma pedra colocando água numa proveta num volume predeterminado (V_1). Em seguida, introduzimos a pedra na água e lemos o novo volume (V_2). A diferença de volumes ($V_2 - V_1$) corresponde ao volume da pedra.

c) Atividade prática 2: métodos de separação dos componentes de misturas heterogêneas e homogêneas

Material: cápsula de porcelana ou vidro de relógio, funil, copo de béquer, papel de filtro, ímã, areia, água, sal cloreto de sódio, limalhas de ferro, álcool e caneta esferográfica com as seguintes cores: preta, vermelha, verde e azul.

1ª parte: preparamos numa cápsula uma mistura heterogênea de areia, sal e ferro; em seguida retiramos o ferro com o ímã e guardamos o material que restou, o sal com areia. Adicionamos água e agitamos com o bastão para dissolver o sal. Filtramos a mistura. A areia fica retida no papel de filtro e a água com sal é coletada no copo de béquer. Para separar a água do sal, aquecemos a mistura até toda a água vaporizar e restar apenas o sal no copo.

2ª parte (cromatografia em papel): é possível separar as tintas que compõem a mistura homogênea de cada cor da caneta como a cor preta, azul, verde e vermelha. Para isso, recortamos uma tira de papel de filtro e fazemos um risco forte no meio, passando a caneta de cor preta muitas vezes sobre a mesma linha. Prendemos a tira com fita adesiva na borda de um copo com álcool, deixando que ela encoste um pouco no líquido. Observe que a cor preta separa-se em duas ou mais cores diferentes. A mesma operação pode ser repetida com as outras cores da caneta esferográfica.

d) Atividade prática 3: reações químicas

Material: tubos de ensaio, pipetas de vidro, estante para tubos, pinça metálica e fósforo.

Reagentes: fita de magnésio, pedaço de zinco, palha de aço, uma batata, solução de ácido clorídrico, cloreto de bário, sulfato de sódio, água oxigenada, sulfato de cobre II, iodeto de potássio, acetato de chumbo e hidróxido de sódio.

1ª parte (reações de deslocamento): adicionamos em dois tubos de ensaio 2 ml de solução de ácido clorídrico (HCl) e, em seguida, colocamos no primeiro tubo o zinco e no segundo o magnésio. Utilizamos sempre porções pequenas de metais. É possível verificar a liberação do gás hidrogênio nessas reações encostando um palito de fósforo aceso na borda do tubo. Observe que ocorre um estampido. As reações estão representadas a seguir:

$$2 HCl + Zn \rightarrow ZnCl_2 + H_2$$

$$2 HCl + Mg \rightarrow MgCl_2 + H_2$$

2ª parte (reações de síntese): com o auxílio de uma pinça, seguramos um chumaço de palha de aço e levamos à chama para queimar; repetindo a operação com um pedacinho de magnésio. Podemos observar como os metais eram antes, o que ocorre durante a reação e como ficam depois. O principal metal da palha de aço é o ferro. As reações que ocorrem são:

$$Fe + \tfrac{1}{2} O_2 \rightarrow FeO$$

$$Mg + \tfrac{1}{2} O_2 \rightarrow MgO$$

3ª **parte** (reação de decomposição catalisada pela amilase): adicionamos 3 ml de água oxigenada e pequenos pedaços de batata em um tubo de ensaio. Ocorre uma efervescência devido à decomposição do reagente. É possível testar a presença do gás oxigênio que se forma colocando um palito de fósforo aceso próximo à boca do tubo e observando que o oxigênio aumenta a chama. A reação que ocorre é:

$$2 H_2O_2 \rightarrow 2 H_2O + O_2$$

4ª **parte** (reações de dupla troca): etiquetamos três tubos de ensaio com números de 1 a 3. No tubo 1, misturamos 2 ml de solução de sulfato de sódio (Na_2SO_4) com a mesma quantidade de cloreto de bário ($BaCl_2$). Devemos observar sempre os reagentes antes, durante e depois da reação. No tubo 2, repetimos a operação, substituindo os reagentes pelas soluções de hidróxido de sódio (NaOH) e sulfato de cobre ($CuSO_4$). No tubo 3, mudamos para as soluções de iodeto de potássio (KI) e acetato de chumbo ($Pb(CH_3COO)_2$). As reações de dupla troca que ocorrem são:

$$Na_2SO_4 + BaCl_2 \rightarrow 2 NaCl + BaSO_4$$

$$2NaOH + CuSO_4 \rightarrow Na_2SO_4 + Cu(OH)_2$$

$$2 KI + Pb(CH_3COO)_2 \rightarrow 2 KCH_3COO + PbI_2$$

Essas reações só ocorrem se houver a formação de um produto insolúvel (precipitado), como os que estão indicados pela seta para baixo.

5ª **parte** (reação de oxirredução): adicionamos 3 ml de solução de sulfato de cobre II ($CuSO_4$) num tubo de ensaio e, em seguida, acrescentamos um pedaço de palha de aço; após dez minutos observamos a formação de cobre, um pó de cor castanha. A reação de oxirredução é:

$$CuSO_4 + Fe \rightarrow FeSO_4 + Cu$$

6ª **parte** (reação exotérmica): adicionamos 50 ml de hidróxido de sódio (NaOH) em um tubo de ensaio e, em seguida, 5 ml de água. Note que ocorre o aquecimento do tubo, pois a reação é exotérmica:

$$NaOH + H_2O \rightarrow Na^+ + OH^- + calor$$

e) **Atividade prática 4: reconhecimento de meios ácidos e básicos pela ação dos indicadores**

1ª **parte** (ação dos indicadores sintéticos): a fenolftaleína, quando colocada num tubo com solução ácida, é incolor. Porém, se a solução for trocada por outra que contenha uma base (hidróxido de sódio, por exemplo), observa-se o aparecimento de uma cor rosa intensa. O indicador é uma substância que muda de cor na presença de um ácido ou uma base. Pode-se usar outros indicadores, como o papel de tornassol (azul ou vermelho) ou o metil-orange.

2ª **parte** (indicadores naturais): são preparados a partir de folhas do repolho roxo, beterraba, grãos de feijão preto, café, pétalas de flores vermelhas (rosa, azaleia, hortênsia etc.), uva preta, amora, casca da maçã vermelha, cebola etc. Ao preparar um desses indicadores, devemos macerá-lo bem e deixá-lo num vidro fechado com álcool, para retirar o seu pigmento. A escala apresentada na figura a seguir foi feita com o extrato de repolho roxo:

Figura 3.4 – Escala de pH (extrato de repolho roxo)

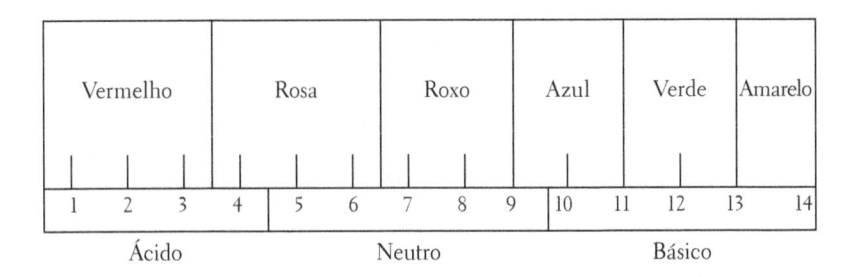

Vermelho				Rosa		Roxo			Azul		Verde		Amarelo
1	2	3	4	5	6	7	8	9	10	11	12	13	14

Ácido — Neutro — Básico

Podemos preparar o indicador de repolho roxo e testá-lo nas soluções de amoníaco, vinagre, leite de magnésia, água com cal, água sanitária e suco de limão.

Seguindo a escala apresentada para esse indicador natural, complete o quadro a seguir.

Quadro 3.1 – Teste com o indicador de repolho roxo

Material	Cor	pH
Amoníaco	Verde	11 a 13
Vinagre		
Leite de magnésia		
Água com cal		
Suco de limão		
Água sanitária		

As atividades práticas em sala de aula podem ser simples, como a cromatografia em papel, as reações com palha de aço, o reconhecimento do pH de soluções pela ação dos indicadores naturais, o teste do iodo, a reação de decomposição da água oxigenada e outras. Os reagentes podem ser produtos caseiros, como vinagre, água com cal, sal de cozinha e água sanitária ou, ainda, medicamentos, como permanganato de potássio, leite de magnésia, água oxigenada, álcool, acetona e iodo.

Síntese

A Química é uma ciência experimental; assim, no seu aprendizado, é fundamental a realização de atividades no laboratório. No entanto, os trabalhos experimentais devem ser realizados dentro de técnicas e padrões adequados.

Neste capítulo, relacionamos as principais normas de segurança que devem ser seguidas no laboratório e apresentamos uma relação do instrumental básico para as aulas práticas. Falamos sobre as técnicas empregadas no preparo de soluções e sobre os procedimentos no uso de materiais e aparelhos. Sugerimos algumas atividades em laboratório, como a de reconhecimento das funções orgânicas oxigenadas e a maneira de utilizar o repolho roxo como indicador químico.

Indicação cultural

Realize um passeio virtual na internet, acessando *sites* de empresas ou de escolas que disponibilizem vídeos ou animações de experimentos de química em laboratório. Como sugestão, o *site* da Universidade de Coimbra (1973) apresenta vários vídeos exibindo experimentos interessantes, inclusive permitindo a sua cópia (*download*).

Atividades de Autoavaliação

1. Utilizando o indicador natural extraído do repolho roxo em sucos de limão e de abacaxi, podemos esperar como resultado as seguintes cores:

a) rosa ou roxo
b) roxo ou azul
c) verde ou vermelho
d) vermelho ou rosa

2. O professor afixou na parede do laboratório um cartaz com algumas normas de segurança; marque (V) para as alternativas verdadeiras e (F) para as falsas:
   ( ) Não deixe os frascos de reagentes abertos durante a aula.
   ( ) Trabalhe sozinho para aprender melhor.
   ( ) Não cheire nem prove os reagentes.
   ( ) Desperte a sua curiosidade fazendo experimentos além do roteiro.

3. Leia com atenção as afirmativas sobre a atividade prática com as reações químicas e marque (V) para as verdadeiras e (F) para as falsas:
   ( ) As reações de dupla-troca ocorrem porque há a formação de um precipitado (produto insolúvel).
   ( ) A reação de oxirredução também pode ser classificada como de deslocamento.
   ( ) A reação da água oxigenada pela ação da amilase da batata pode ser classificada como de síntese.
   ( ) A reação entre o magnésio e o ácido clorídrico ocorre porque o hidrogênio é mais reativo que o magnésio.

4. Escolha a alternativa verdadeira com base na seguinte afirmação: "Para realizar uma titulação, utilizamos os seguintes materiais":
   a) erlenmeyer, tubo de ensaio e balão volumétrico.
   b) bureta, erlenmeyer e balão volumétrico.
   c) tubo de ensaio, pipeta e balão volumétrico.
   d) copo de béquer, pipeta e bureta.

5. Leia com atenção as afirmativas abaixo e assinale com (V) as verdadeiras e com (F) as falsas:
   ( ) O balão volumétrico é utilizado no preparo de soluções.
   ( ) Nunca coloque ácido sobre a água.
   ( ) A medição de volume de soluções quentes deve ser realizada na proveta.
   ( ) Durante a pipetagem de uma solução, é importante elevar a pipeta até que o traço de aferição fique na altura dos olhos.

6. Marque a afirmativa incorreta:
   a) Uma reação química entre ácido clorídrico e zinco metálico libera o gás hidrogênio.
   b) O cadinho é um material de laboratório que pode ser levado diretamente à chama.
   c) Reação exotérmica é aquela que absorve calor.
   d) Indicador é uma substância que muda de cor na presença de um ácido ou de uma base.

7. Existem milhares de substâncias químicas tóxicas em circulação pelo nosso planeta e, a cada ano, novas fórmulas poluentes são lançadas no mercado. Faz parte desse grupo a acetona usada como solvente de tinta esmalte. Ela provoca irritação das mucosas e problemas respiratórios. A fórmula estrutural da acetona e o seu nome oficial são respectivamente:
   a) CH_3-CO-CH_3, propanona.
   b) CH_3-CH_2-CHO, propanal.
   c) CH_3-COOH, ácido acético.
   d) CH_3-CH_2-CH_3, propano.

8. De acordo com a aula prática a respeito das funções oxigenadas, assinale a sentença falsa:
   a) As funções orgânicas oxigenadas são aquelas que apresentam o oxigênio em seu grupo funcional.
   b) A gasolina não pertence à função oxigenada.
   c) A cor vermelha do teste com o iodo significa que o composto orgânico tem o oxigênio.
   d) A benzina e o querosene são hidrocarbonetos.

Atividades de Aprendizagem

1. Obtenha mais informações sobre o álcool etílico, seu teor nas bebidas alcoólicas e sua relação com a saúde.
2. Comente a importância do tratamento de esgoto nas cidades, pesquise sobre as principais fases desse processo e verifique que ele está relacionado com os métodos empregados em Química.
3. Elabore um texto sobre alguns compostos orgânicos tóxicos ou perigosos. Cite exemplos e os perigos que oferecem.

Atividades Aplicadas: Prática

1. Pesquise como é feito o tratamento da água de sua cidade. Associe algumas de suas etapas aos métodos de separação de uma mistura.
2. Relacione a forma do menisco, que observamos na superfície dos líquidos, e o diâmetro da pipeta que o contém.
3. Realize as experiências com o repolho roxo sugeridas no texto e elabore uma tabela contendo: o material analisado, a cor obtida e o pH (utilize a escala do repolho roxo apresentada no texto).

Capítulo 4

A experiência didática do professor e sua criatividade podem tornar o ensino de Química agradável e com bons resultados no aprendizado dos alunos. As dificuldades do estudante em formar modelos mentais para entender um fenômeno químico podem ser superadas através de jogos, modelos, ilustrações e gravuras. Recentemente, a utilização de recursos audiovisuais e do computador na sala de aula tem facilitado ao aluno a compreensão dos modelos que procuram representar os fenômenos que ocorrem na natureza.

Neste capítulo, apresentaremos alguns recursos didáticos, como um quebra-cabeça para ensinar as fórmulas químicas dos compostos, um jogo didático para auxiliar na compreensão do conceito de equilíbrio químico, um jogo de desafio lógico para ajudar na memorização dos símbolos dos elementos químicos, sugestões de trabalhos com textos de revistas e jornais, a elaboração de um quadro-síntese e de um painel e, também, a montagem de modelos de moléculas para representar espacialmente os compostos.

Sugerimos, também, alguns critérios para auxiliar na escolha de um livro didático, a criação de um museu de rochas e minerais, a organização de uma feira de ciências e a realização de um projeto interdisciplinar.

Recursos didáticos para o ensino de Química

4.1 Confecção e uso de materiais didáticos

Há muitos materiais didáticos simples e baratos que podem ser confeccionados por professores e alunos e que se constituem em valiosos auxiliares para a visualização de fenômenos abstratos na sala de aula. Atividades não convencionais, como utilizar um quebra-cabeça, servem para descontrair e, ao mesmo tempo, aprender. Nesta seção, trataremos de alguns materiais e atividades dessa natureza.

4.1.1 Quebra-cabeça*

Uma forma divertida de construir fórmulas dos compostos consiste em montar um quebra-cabeça em que cada peça representa um cátion ou ânion. Usamos uma cartolina branca para os cátions e uma azul para os ânions. As peças do quebra-cabeça devem ser recortadas segundo os modelos representados na Figura 4.1 e nas quantidades descritas no Quadro 4.1.

Figura 4.1 – Modelos de peças de quebra-cabeça

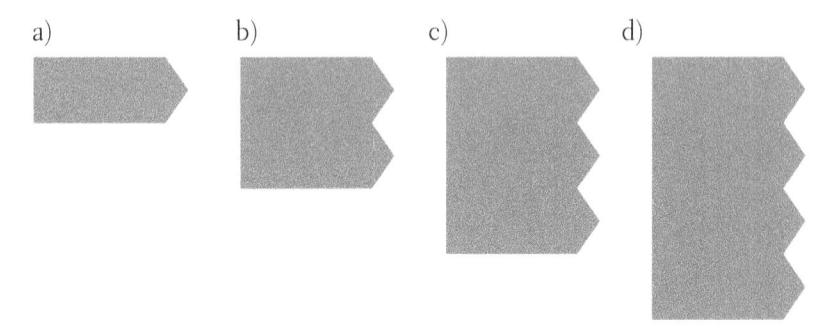

a)   b)   c)   d)

Quadro 4.1 – Quantidade de peças para o quebra-cabeça

Forma das peças	Número de peças	Elemento que representa
Com uma ponta	5 brancas e 5 azuis	monovalente
Com duas pontas	5 brancas e 5 azuis	bivalente
Com três pontas	5 brancas e 5 azuis	trivalente
Com quatro pontas	5 brancas e 5 azuis	tetravalente

*(Domingues, 1973)

A maneira de usarmos o quebra-cabeça é fácil. Cada ponta de uma peça representa uma unidade do número de valência. Para construir a fórmula da água (H_2O), precisamos conhecer os elementos que a formam: hidrogênio (monovalente positivo) e oxigênio (bivalente negativo). As peças do quebra-cabeça ficam dispostas de acordo com a Figura 4.2.

Figura 4.2 – Disposição das peças para H_2O

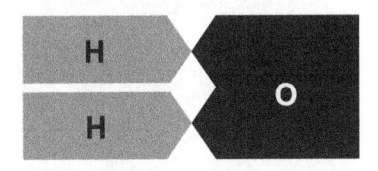

No caso de os dois elementos que formam o composto serem da mesma valência, a figura fica bem mais fácil. Por exemplo, o ácido clorídrico (HCl), que contém cloro e hidrogênio, e o óxido de bário (BaO), formado pelos elementos oxigênio e bário, estão representados na Figura 4.3.

Figura 4.3 – Disposição das peças para: a) HCl e b) BaO

A fórmula do composto resultante da combinação do alumínio (trivalente positivo) com o enxofre (bivalente negativo) resulta em óxido de alumínio (Al_2O_3), representado na Figura 4.4.

Figura 4.4 – Disposição das peças para Al_2O_3

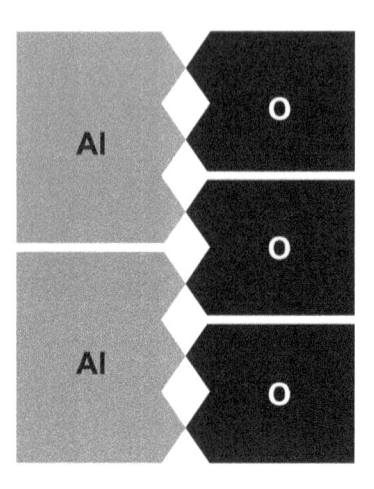

Desse modo, podemos montar o quebra-cabeça com fórmulas de ácidos, bases, óxidos e sais. Para isso, basta marcar as peças brancas com alguns cátions e as azuis com alguns ânions. As Figuras 4.5 e 4.6, respectivamente, mostram como ficam as fórmulas dos ácidos nítrico (HNO_3), sulfúrico (H_2SO_4), ortofosfórico (H_3PO_4) e pirofosfórico ($H_4P_2O_7$).

Figura 4.5 – Disposição das peças para os ácidos: a) HNO_3, b) H_2SO_4

a) b)

Figura 4.6 – Disposição das peças para os ácidos: c) H$_3$PO$_4$ e d) H$_4$P$_2$O$_7$

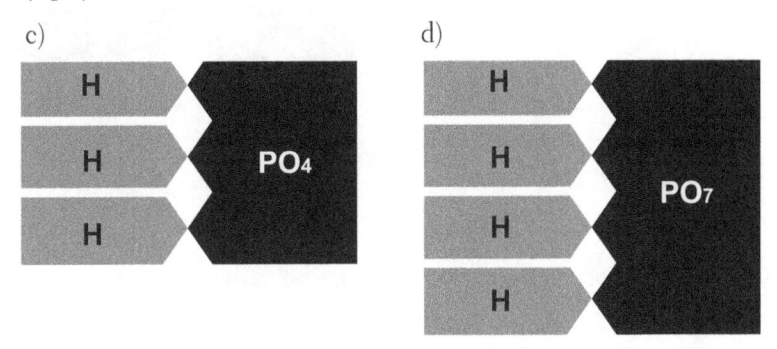

c)   d)

As peças para as bases como o hidróxido de sódio (NaOH), hidróxido de cálcio [Ca(OH)$_2$], hidróxido de alumínio [Al(OH)$_3$] e hidróxido plúmbico [Pb(OH)$_4$] ficarão dispostas como na Figura 4.7.

Figura 4.7 – Disposição das peças para as bases a) NaOH, b) Ca(OH)$_2$, c) Al(OH)$_3$ e d) Pb(OH)$_4$

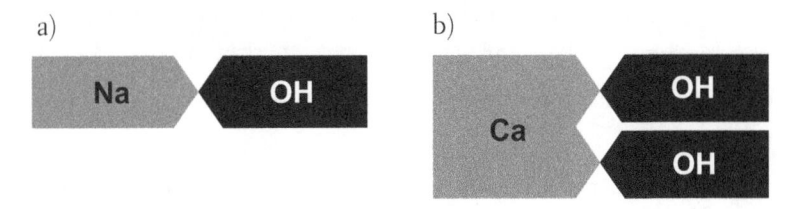

a)   b)

c)   d)

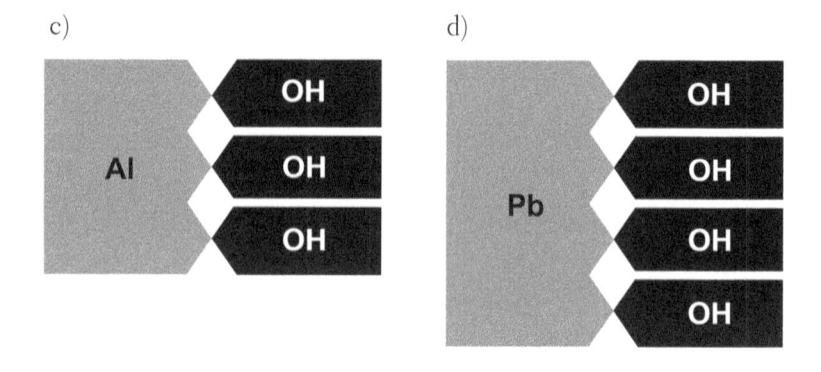

[diagrama: Al ligado a 3 OH; Pb ligado a 4 OH]

4.1.2 Jogo didático*

O jogo didático é uma forma divertida de aprender os conceitos de Química. No jogo aqui proposto, usamos bolas de isopor dispostas em dois conjuntos A e B, que trocam elementos entre si, permitindo trabalharmos os conceitos tratados no equilíbrio químico.

A troca de elementos será controlada pelo tempo, que indicará a quantidade restante no final de cada troca. No final do jogo, construímos uma tabela com o número de elementos que restaram nos conjuntos A e B e a relação entre esses elementos em função do tempo. Usamos essa tabela para a construção de gráficos de números de elementos em cada conjunto em função do tempo. Os melhores resultados ocorrem quando os alunos são informados só no final do jogo de que estão tratando de conceitos de equilíbrio químico. O jogo ocupa um tempo de, no máximo, 30 minutos podendo-se trabalhar com equipes de 4 a 5 alunos.

O material necessário para cada equipe de trabalho é composto de

---

* (Soares; Okumura; Cavalheiro, 2003)

dez bolas de isopor de 3 cm de diâmetro pintadas com cores fortes, duas caixas de sapato sem tampa, um relógio comum, papel e caneta.

As regras do jogo são descritas a seguir:

1º) colocar na caixa A as dez bolas de isopor e deixar vazia a caixa B;

2º) transpor uma bola de A para B a cada 5 segundos;

3º) a partir de cada tempo estipulado pelo professor (15, 25 e 35 segundos), as bolas passam a ser transferidas de A para B e, simultaneamente, de B para A a cada 5 segundos. O tempo total de jogo será de 60 segundos, e faremos 12 transferências de bolas de A para B;

4º) repetir o jogo três vezes, usando cada um dos tempos de transferências simultâneas;

5º) anotamos o número de bolas em A e em B para cada tempo de transferência;

6º) no final do jogo, construiremos as tabelas e os gráficos. Devemos solicitar que cada equipe calcule o quociente entre o número de bolas de B e o número de bolas de A, N_B/N_A, em cada tempo e anote na tabela. Usaremos esse cálculo para ensinar o conceito de constante de equilíbrio (K).

Podemos associar as bolas da caixa A aos reagentes, e as bolas da caixa B aos produtos de uma reação química. Os segundos que antecedem a transferência simultânea das bolas representam uma reação irreversível (reação que ocorre apenas no sentido de formação dos produtos, ou seja, de A para B).

Devemos contar com algumas limitações no momento de relacionar os resultados do jogo com os conceitos de equilíbrio químico. Um deles é que uma reação química não ocorre em intervalos de tempo definidos, mas continuamente; outro é que a reação inversa – a que ocorre no sentido dos produtos para os reagentes –, representada no momento das trocas simultâneas de bolas, na realidade, ocorre desde o início da reação química.

Observando os resultados numéricos e os gráficos obtidos no jogo, dispostos nas Figuras 4.7, 4.8 e 4.9, verificamos que, a partir do instante em que as trocas de bolas tornaram-se simultâneas, o número de bolas nas caixas não se altera mais. Isso significa que a reação atingiu o equilíbrio químico, porque as concentrações dos reagentes e dos produtos não se alteram mais com o tempo.

Figura 4.8 – Resultados numéricos e gráfico, obtidos no jogo para k<1. Tempo de retorno igual a 15s

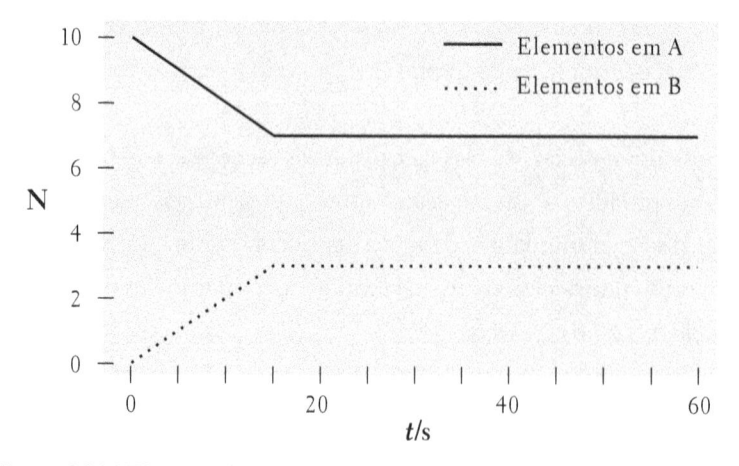

Fonte: SOARES, H.F.B.S.; OKUMURA, F.; CAVALHEIRO, E.T.G. Proposta de um jogo didático para o ensino do conceito de equilíbrio químico, **Química Nova na Escola**, n. 18, p. 13, nov. 2003.

Figura 4.9 – Resultados numéricos e gráfico, obtidos no jogo para k=1. Tempo de retorno igual a 25s

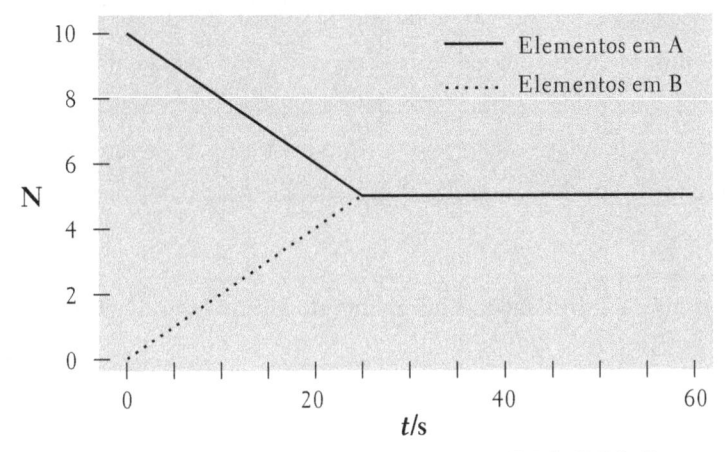

Fonte: SOARES, H.F.B.S.; OKUMURA, F.; CAVALHEIRO, E.T.G. Proposta de um jogo didático para o ensino do conceito de equilíbrio químico, **Química Nova na Escola**, n. 18, p. 13, nov. 2003.

Figura 4.10 – Resultados numéricos e gráfico, obtidos no jogo para k>1. Tempo de retorno igual a 35s

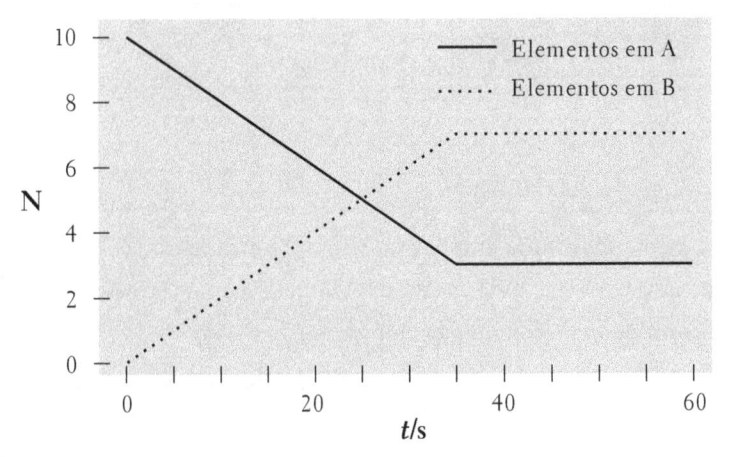

Fonte: SOARES, H.F.B.S.; OKUMURA, F.; CAVALHEIRO, E.T.G. Proposta de um jogo didático para o ensino do conceito de equilíbrio químico, **Química Nova na Escola**, n. 18, p. 13, nov. 2003.

Nesse jogo, podemos enumerar algumas características que se relacionam com as do equilíbrio químico: 1°) é dinâmico, quando associamos com o movimento constante das bolas; 2°) depois de atingido o equilíbrio químico, a velocidade da reação direta é igual à da reação inversa, observada na transferência das bolas a cada 5 segundos; 3°) as concentrações dos reagentes e dos produtos não se alteram depois de atingido o equilíbrio químico, observado no número de bolas constante em cada caixa.

Figura 4.11 – Ilustração do movimento simultâneo das bolas entre as caixas

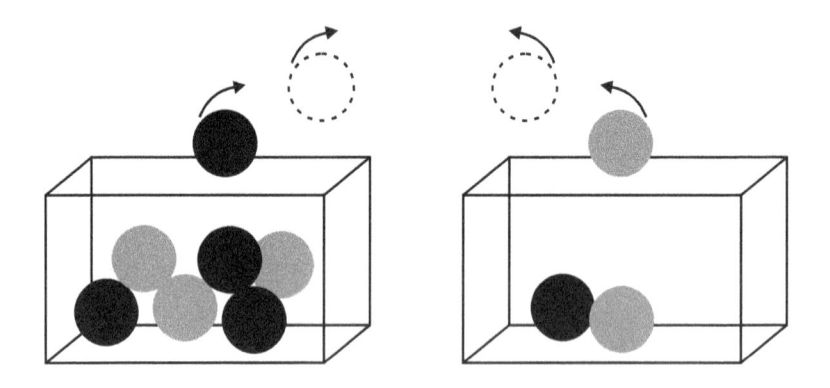

4.1.3 Jogo de desafio lógico

Esse jogo é mais uma alternativa para dinamizar as aulas, variando as técnicas de ensino. Pode ser usado, também, como forma de memorizar os símbolos dos elementos químicos.

O material sugerido para cada equipe é: folhas de papel, régua, caneta, lápis e borracha. Cada equipe deve desenhar na sua folha de papel quatro quadrados com os números de colunas e dimensões mostrados na Figura 4.12 e, em seguida, completar os diagramas com os respectivos símbolos químicos.

Figura 4.12 – Diagramas dos símbolos químicos

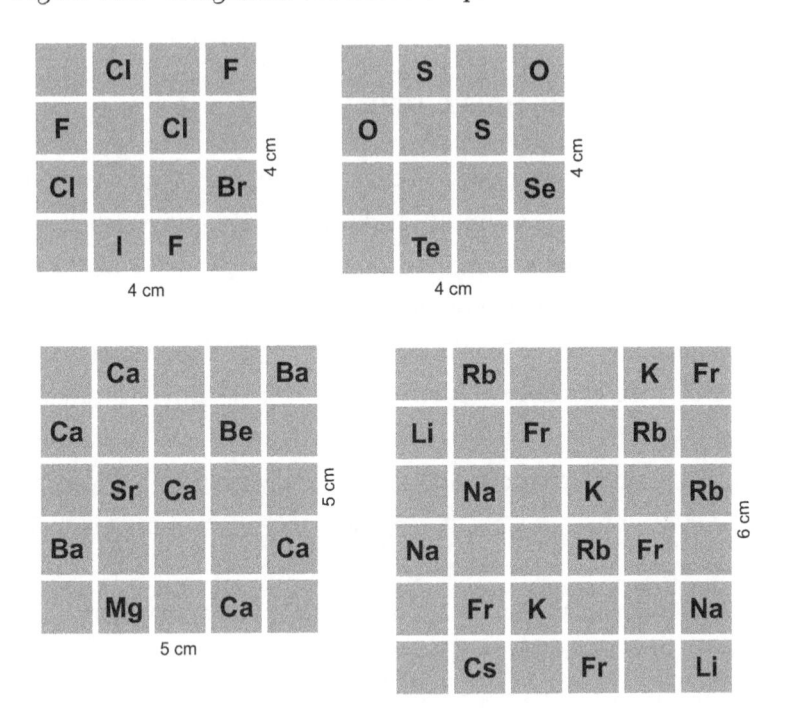

	Cl		F
F		Cl	
Cl			Br
	I	F	

4 cm × 4 cm

	S		O
O		S	
			Se
	Te		

4 cm × 4 cm

	Ca		Ba
Ca		Be	
	Sr	Ca	
Ba			Ca
	Mg	Ca	

5 cm × 5 cm

	Rb			K	Fr
Li		Fr		Rb	
	Na		K		Rb
Na			Rb	Fr	
	Fr	K			Na
	Cs		Fr		Li

6 cm

Para realizar o jogo, devemos seguir as regras, que são simples: o jogador deve preencher os espaços em branco com os símbolos dos elementos químicos presentes no diagrama, de modo que os símbolos não se repitam em nenhuma linha ou coluna.

As respostas são as seguintes:

1º quadrado de 4 cm: I; Cl; Br; F / F; Br; Cl; I / Cl; F; I; Br / Br; I; F; Cl.

2º quadrado de 4 cm: Te; S; Se; O / O; Se; S; Te / S; O; Te; Se / Se; Te; O; S.

Quadrado de 5 cm: Mg; Ca; Be; Sr; Ba / Ca; Ba; Mg; Be; Sr / Be; Sr; Ca; Ba; Mg / Ba; Be; Sr; Mg; Ca / Sr; Mg; Ba; Ca; Be.

Quadrado de 6 cm: Cs; Rb; Na; Li; K; Fr / Li; K; Fr; Na; Rb; Cs / Fr; Na; Li; K; Cs; Rb / Na; Li; Cs; Rb; Fr; K / Rb; Fr; K; Cs; Li; Na / K; Cs; Rb; Fr; Na; Li.

4.2 Textos de jornais e revistas

A leitura de textos é um recurso que pode ser utilizado amplamente em sala de aula, desde que sejam adequados ao conteúdo que é trabalhado, como uma síntese ou uma leitura complementar. Como as necessidades básicas do ser humano (alimentação, vestuário, saúde, habitação, transporte e higiene) estão relacionadas com a Química, podemos trabalhar com recortes de jornais ou revistas contendo textos e ilustrações de nosso cotidiano.

É possível iniciarmos com um trabalho individual de leitura, acompanhado de um resumo que deve ser elaborado com as próprias palavras do aluno.

O professor ainda poderá usar a técnica de compor um quadro-síntese, no qual são elaboradas as principais ideias do assunto.

Como forma de gerar mais interatividade entre os alunos e entre eles e o professor, podemos dividir a classe em grupos para apresentação das ideias na forma de painel.

Ao trabalharmos com textos, além de todas as possibilidades citadas, podemos ter uma visão integrada com outras disciplinas, como Biologia, Geografia, Matemática e outras.

Como ilustração dessa atividade, faremos a leitura de um trecho de artigo da revista *Ciência e Cultura* e a elaboração do respectivo quadro-síntese.

Piscicultura*

Uma pesquisa na área de piscicultura da Universidade do Vale do Paraíba (Univap), em São José dos Campos (SP), pretende fazer com que o conhecimento acadêmico possa gerar alimento e renda para populações de baixa renda e ainda recuperar ambientes degradados. A proposta inclui treinar a população ribeirinha a usar as áreas ao redor do campus, com extensas cavas de areia, cheias de água, para a produção de peixes. "A ideia é utilizar o que aprendemos acerca da adaptabilidade de peixes de regiões como a Amazônia na solução de problemas ambientais diversos, como esse da cava de areia", afirma o coordenador do projeto, Adalberto Val, do Instituto Nacional de Pesquisas da Amazônia (Inpa). As cavas de areia no Vale do Paraíba formam extensas áreas degradadas ambientalmente e exigem constantes investimentos para sua recuperação. As características dessas cavas ainda são desconhecidas do ponto de vista biológico, mas as informações disponíveis mostram que o oxigênio presente nas colunas de água pode ser apenas superficial e disperso. "Os peixes da Amazônia evoluíram por milhares de anos em condições semelhantes a essa. A partir disso, pensamos em testar a criação de algumas espécies de peixes dessa região com duplo objetivo: recuperar ambientes degradados e produzir proteína animal com custo baixo para atender às necessidades de populações ribeirinhas", explica Adalberto Val.

O Quadro 4.2 mostra um modelo de quadro-síntese elaborado com base nesse texto.

*(Paulo, 2005)

Quadro 4.2 – Modelo de quadro-síntese

Projeto que visa recuperar áreas degradadas e gerar alimentos para as populações ribeirinhas.	
As cavas de areia formam áreas degradadas ambientalmente, nas quais o oxigênio presente na água pode ser superficial e disperso, tornando impossível a sobrevivência dos peixes.	
Soluções	
Criar nesses locais peixes que se adaptem às condições do ambiente.	Treinar a população ribeirinha a usar as áreas com cava.
Finalidade do projeto	
Recuperar áreas degradadas pela extração de areia das cavas.	Gerar alimento e renda para a população ribeirinha.

Assim, podemos aplicar as atividades sugeridas com textos para reforçar diferentes conteúdos de Química.

4.2.1 Construindo modelos de moléculas

Vamos utilizar um modelo de pinos e bolas para representar espacialmente as moléculas de compostos orgânicos.

Podemos fazê-lo com bolinhas de isopor coloridas e palitos de dente. Cada tipo de átomo é representado por bolinhas de diferentes cores. Como sugestão, a branca pode ser o carbono e a amarela o hidrogênio. Assim, temos uma representação a outros átomos de elementos da química orgânica. Por exemplo: a Figura 4.13 ilustra a representação da molécula de metano (CH_4).

Figura 4.13 – Representação da molécula CH$_4$ com pinos e bolas

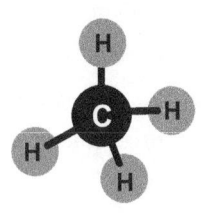

Outra forma de representação é através do modelo de Stuart, ou de preenchimento espacial, que reproduz a geometria espacial com mais realidade. Nesse caso, usamos bolinhas coloridas de massinha para modelagem, para representar os átomos. Podemos usar a cor branca para representar o carbono e a amarela para o hidrogênio. Não há necessidade de usarmos palitos para ligar as bolinhas, pois elas se encaixam bem, representando os compostos orgânicos de uma maneira mais correta. Na Figura 4.14 representamos a molécula do metano (CH$_4$).

Figura 4.14 – Representação da molécula CH$_4$ com o modelo de Stuart

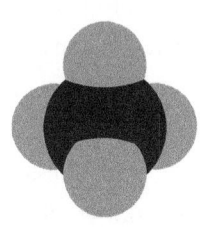

A representação com modelos é bastante útil para que o aluno visualize a molécula espacialmente.

4.2.2 Fazendo arte

Podemos, em acordo com a direção escolar, utilizar uma área de muro (interno ou externo) da escola para que os alunos componham um mural artístico (atividade de grafitagem) com temas relacionados à

Química, como a tabela periódica, fórmulas e desenhos de material de laboratório etc. A tabela periódica pode ser grafitada no muro da escola com a ajuda de professores de Educação Artística. Essa é uma oportunidade para compreendermos os critérios utilizados em sua organização e entendermos as propriedades que caracterizam algumas famílias de elementos químicos.

Outra proposta é a elaboração de fichas bem ilustradas, contendo os dados de cada elemento químico da tabela periódica, como número atômico, massa atômica, nome, símbolo, propriedades, aplicações e ocorrência na natureza. Quando há disponibilidade de computadores na escola, esses dados podem compor um banco de dados de química.

4.3 Organização de um museu de rochas e minérios

As rochas e os minérios são importantes recursos minerais explorados pelo homem. Um museu na escola requer um trabalho integrado com outras áreas do conhecimento, como Geografia, História e Biologia.

A primeira fase desse projeto é a construção de um banco de dados adquiridos através de pesquisa sobre os minerais, como composição, localização de jazidas, importância, exploração através dos tempos e efeitos sobre o meio ambiente. A pesquisa pode ser feita em livros, revistas, jornais e internet. No caso de a escola ficar numa região com mineradora ou garimpo, pode-se fazer um trabalho de campo visitando esses locais, para os alunos conhecerem os processos de extração e o impacto no meio ambiente.

A segunda fase é a coleta de amostras e de informações sobre rochas e minérios que irão para o museu, que poderão ser obtidas através da visita a um departamento de Geologia e Geografia, da consulta a *sites* na internet, ao Ministério de Minas e Energia, à Secretaria de Meio Ambiente ou ao museu local.

A montagem do museu pode ser feita no laboratório de ciências da escola ou em outro ambiente, conforme a disponibilidade.

4.4 Realização de uma feira de ciências

Toda atividade sistemática exige que nossas ações sejam planejadas para garantir o alcance dos objetivos, bem como o êxito dos resultados. Não poderia ser diferente quando se trata do planejamento de uma feira de ciências.

O preparo de uma feira de ciências começa no primeiro bimestre, pois exige tempo para elaborar as várias etapas do projeto, até o dia da apresentação dos trabalhos.

A primeira etapa do planejamento é a escolha dos temas a serem trabalhados pelos alunos. Podemos sugerir, por exemplo, os assuntos da química do cotidiano do capítulo 1 e os temas polêmicos, citados no capítulo 2. Cada equipe deve elaborar um projeto sobre o tema escolhido com as seguintes partes:

a) tema, levando em conta a preferência da equipe;

b) justificativa, explicando o porquê dessa pesquisa;

c) objetivo, tratando da contribuição que o trabalho irá proporcionar à comunidade escolar;

d) metodologia, definindo onde e como será realizado o trabalho;

e) cronograma, indicando cronologicamente cada etapa do trabalho;

f) orçamento, estimando os gastos necessários para a realização do trabalho.

Na segunda etapa, as equipes devem procurar embasamento teórico sobre o tema nos livros, revistas e internet. Alguns professores preferem que sejam feitos trabalhos escritos, para serem apresentados e avaliados em sala de aula.

Finalmente, devemos preparar os materiais como maquetes, cartazes com ilustrações e gráficos, experiências com utensílios e produtos caseiros, filmes, teatro, música e tudo o que a imaginação e a criatividade puderem fazer para enriquecer o conhecimento das equipes e dos visitantes da feira de ciências.

Apresentaremos, a seguir, uma sugestão para a realização de um projeto interdisciplinar, que pode ser desenvolvido parcial ou integralmente.

Realização de um projeto interdisciplinar

Tema: poluição do meio ambiente pelo lixo urbano.

Justificativa: educação ambiental na escola tem um papel muito importante na resolução dos problemas causados pelo lixo.

Objetivos:

a) pesquisar os diferentes tipos de lixo (orgânico, inorgânico, tóxico, industrial, rural, hospitalar);
b) identificar as fontes poluidoras do solo e dos mananciais;
c) relacionar o lixo com doenças;
d) propor soluções para os problemas acarretados pelo lixo;
e) executar ações que preservem o meio ambiente.

Metodologia:

a) pesquisamos sobre o tema em livros didáticos e paradidáticos, enciclopédias, dicionários, revistas, internet, vídeos, filmes, jornais, órgãos públicos responsáveis pela coleta e tratamento do lixo;
b) fotografamos, filmamos ou desenhamos a escola antes do início das aulas, após o recreio e na saída. Essa atividade pode ser ampliada para o bairro, a cidade ou o aterro sanitário da prefeitura;
c) elaboramos um questionário para conhecer a natureza e o destino do lixo das casas dos alunos;

d) realizamos atividades práticas com os plásticos, metais, vidros, papéis, mostrando como ficam durante e após a queima. Podemos também fazer a reciclagem de papel e a compostagem de lixo orgânico*;

e) visitamos os órgãos públicos responsáveis pelo controle da poluição ambiental criada pelo lixo.

Pode-se envolver todas as disciplinas nesse projeto, como a Língua Portuguesa, auxiliando na elaboração dos questionários, textos e relatórios; a Matemática, elaborando tabelas e gráficos; a Biologia, identificando as doenças relacionadas com a poluição pelo lixo; a Geografia, montando os mapas da cidade com a localização de aterros sanitários e mananciais; e a Educação Artística, ajudando na elaboração de painéis, maquetes, desenhos, cartazes e filmes.

Ao final do trabalho, fazemos uma apresentação à comunidade escolar dos resultados do trabalho desenvolvido.

4.5 Alguns critérios para a escolha do livro didático

O livro é um recurso didático valioso, pois condensa o conhecimento oral ministrado na sala de aula na forma escrita organizada. Assim, a sua escolha requer o emprego de alguns critérios gerais que se fundamentam na experiência individual do professor.

Antes de iniciarmos a análise do livro propriamente dito, devemos fazer uma leitura atenta do seu prefácio e/ou da sua apresentação, na qual o autor expõe os motivos que o levaram a escrever o texto e os objetivos que pretende atingir.

---

* Sugestão dada na revista *Nova Escola* de maio de 2003.

Seguindo, devemos considerar o perfil dos alunos aos quais vamos nos dirigir; assim, alunos de um curso técnico exigirão um ensino diferenciado daqueles do ensino seriado tradicional. Além disso, alguns livros-texto apresentam várias atividades a serem desenvolvidas no laboratório, de modo que é necessário que exista a disponibilidade, na escola, de uma sala de laboratório, bem como dos materiais básicos.

O livro escolhido deve conter a maior parte do programa a ser ministrado pelo professor, evitando, assim, que o aluno tenha de adquirir outros livros.

Um bom livro-texto, embora possa desenvolver os temas de uma maneira informal, precisa apresentar uma linguagem científica rigorosa nas definições e no emprego dos termos técnicos. Além disso, deve ser adequadamente ilustrado com gráficos, figuras, desenhos e fotografias, não só para ser agradável visualmente, mas também para auxiliar a compreensão do texto.

Também é desejável que o livro contenha a transcrição de textos atualizados de jornais, revistas ou mesmo de outros livros, abordando fatos do cotidiano relacionados ao tema desenvolvido. A inclusão de biografias dos cientistas mais importantes e da citação de fatos históricos relacionados ao tema considerado são ilustrativas e visam despertar a curiosidade do estudante, além de relacionar fatos científicos e sociais.

Com a facilidade de acesso à internet pelos estudantes, é útil que o autor relacione alguns *sites* educativos que possam ampliar o conhecimento dos estudantes, como os das principais sociedades científicas do País.

A sugestão de temas para serem desenvolvidos através de pesquisas em outros textos, nas bibliotecas, na internet e mesmo envolvendo pesquisa de campo, como a coleta de minerais, é interessante.

Por fim, consideramos que é recomendável que cada capítulo do livro-texto contenha questões e problemas propostos para que o aluno possa refletir sobre os temas abordados, desenvolver o espírito crítico e testar os conhecimentos adquiridos sobre cada tema.

Síntese

Os materiais didáticos ajudam na construção do conhecimento da Química, tornam a participação do aluno mais ativa e proporcionam um efeito positivo no aspecto disciplinar.

O quebra-cabeça e o jogo didático são formas lúdicas de aprender as fórmulas de compostos químicos e os conceitos de equilíbrio químico. Os modelos de bolas e pinos ajudam na compreensão da geometria espacial das moléculas. A grafitagem e as fichas são maneiras de despertar o interesse pela tabela periódica e pelos elementos químicos, além de associar ciência e arte. O museu de minerais e rochas e a feira de ciências exigem uma atitude mais empreendedora por parte dos alunos.

Os projetos citados são amplos, pois englobam outras áreas do conhecimento humano, como a Geografia, a Biologia e a Matemática.

Indicação cultural

Estamira é um documentário sobre a vida de uma moradora do aterro sanitário da cidade do Rio de Janeiro. O filme traça o perfil dessa mulher interessante, tratando de assuntos como a saúde pública, a vida nos aterros cariocas e a miséria brasileira. (Dirigido por Marcos Prado, documentário, Riofilmes, Brasil, 127 minutos, 2004)

Atividades de Autoavaliação

1. Para montar o quebra-cabeça da ligação entre o magnésio (bivalente positivo) e o fósforo (trivalente negativo), é correto usar:
   a) 3 peças brancas de 1 ponta e 3 peças azuis de 2 pontas.
   b) 3 peças brancas de 2 pontas e 2 peças azuis de 3 pontas.
   c) 2 peças brancas de 2 pontas e 2 peças azuis de 2 pontas.
   d) 2 peças brancas de 3 pontas e 2 peças azuis de 3 pontas.

2. Para o uso do quebra-cabeça, assinale (V) para as afirmativas verdadeiras e (F) para as falsas:
   ( ) As peças do quebra-cabeça representam os ânions e cátions.
   ( ) Uma peça branca de 2 pontas representa um cátion bivalente.
   ( ) Uma peça azul de 1 ponta representa um cátion monovalente.
   ( ) A fórmula do ácido clorídrico é representada por 2 peças brancas de 1 ponta e 1 azul de 1 ponta.

3. A respeito do jogo didático, assinale (V) para as afirmativas verdadeiras e (F) para as falsas:
   ( ) O jogo didático citado neste capítulo é uma forma de aprender os conceitos de equilíbrio químico.
   ( ) O quociente entre o número de bolas de B e o número de bolas de A representa uma reação irreversível.
   ( ) Uma reação química ocorre em intervalos de tempo.
   ( ) Uma reação química atinge o equilíbrio químico quando as concentrações dos reagentes e dos produtos permanecem constantes.

4. O jogo didático apresenta algumas características que se relacionam com os conceitos de equilíbrio químico. Assinale a afirmação falsa:
   a) É dinâmico devido ao movimento constante das bolas.
   b) As velocidades de transferência das bolas são iguais.
   c) No equilíbrio, permanece apenas a reação direta.
   d) As concentrações não se alteram no equilíbrio químico.

5. Assinale (V) para as afirmativas verdadeiras e (F) para as falsas:
   ( ) Os modelos de pinos e bolas são usados para representar os compostos inorgânicos espacialmente.
   ( ) Para representar o composto H_3C-CH_3 são necessárias 2 bolas brancas, 5 bolas amarelas e 7 palitos.

( ) O modelo de Stuart é usado para representar a geometria espacial da molécula com mais realidade.

( ) Para representar o metano através modelo de Stuart, usamos 1 bola branca e 4 azuis.

6. Para organizar um museu de rochas e minérios na escola é necessário:
a) Visitar o aterro sanitário.
b) Realizar experiências com os vegetais.
c) Montar um banco de dados sobre os minérios.
d) Coletar informações nos livros de Português.

Atividades de Aprendizagem

1. Elabore um texto sobre a importância do uso de recursos didáticos no ensino de Química.
2. Cite alguns conteúdos de Química que devem ser abordados em educação ambiental.

Atividades Aplicadas: Prática

1. Faça um projeto propondo a coleta seletiva e a separação de plásticos na sua escola.
2. Elabore alguns recursos didáticos simples e instrutivos, usando materiais como garrafas de refrigerante PET (Politereftalato de Etileno)*.

---

* Sugestão: consulte o artigo de Valadares (2001).

Considerações finais

Muitas vezes, os alunos não sentem entusiasmo em assimilar os conhecimentos de Química que lhes são ministrados, e muitas são as razões para que isso aconteça. Uma das principais é o sentimento de que os conteúdos que são ensinados não têm ligação com o mundo real. Nessas ocasiões, é necessário que o professor seja hábil para criar uma ponte entre o universo abstrato das fórmulas moleculares e estruturais, entre os cálculos matemáticos complicados e o mundo concreto vivido pelo aluno.

Ao longo da leitura deste livro, pudemos constatar que essa ponte pode ser construída ilustrando e esclarecendo o significado de alguns conceitos dessa ciência que, junto da Matemática, da Física e da Biologia, forma a base do nosso conhecimento do mundo material.

Assim, iniciamos nossa jornada tratando com os átomos e as suas diferentes formas de ligação para construir a arquitetura do mundo físico. Analisamos a Química elaborada que está presente no uso de objetos simples, como as panelas, além dos fenômenos nucleares que compõem a radioatividade e apresentam um amplo espectro de aplicações.

Ao tratarmos da química do meio ambiente, abordamos alguns problemas causados pelo homem ao meio em que vive, como a emissão de produtos poluentes na atmosfera, mas também algumas promissoras soluções baseadas na pesquisa científica, como é o caso do metanol e do biodiesel.

Ao considerarmos que a Química é uma ciência experimental, relembramos a constituição de um laboratório básico de ensino e seus reagentes, além de sugerirmos alguns experimentos representativos.

Finalmente, trouxemos para o ambiente da sala de aula a possibilidade de construção de materiais didáticos simples e baratos, a realização de jogos educativos que ilustram aspectos significativos desse complexo ramo do conhecimento humano, de maneira informal e alegre.

Esperamos que o esforço desenvolvido pelos leitores na reflexão desses temas tenha sido plenamente recompensado.

É evidente que, dada a amplitude de conhecimentos abordada pela Química pudemos, através de uma escolha criteriosa, abordar apenas alguns de seus aspectos, mas todos de grande importância.

Glossário

Ácido: substância que pode doar um íon de hidrogênio (H^+) para outra.

Álcool: qualquer composto que tenha um grupo OH (hidroxila) ligado a um carbono saturado.

Algas: grupos de vegetais que vivem no fundo ou na superfície de águas salgadas ou doces.

Anvisa: Agência Nacional de Vigilância Sanitária.

Base: substância capaz de receber um íon de hidrogênio (H⁺) de um ácido.

Biodegradável: que pode ser decomposto pelos microorganismos presentes no meio ambiente.

Biodiesel: combustível degradável derivado de fontes renováveis de energia.

Biomassa: qualquer matéria de origem vegetal usada como fonte de energia.

Biosfera: o conjunto de todas as regiões da Terra habitadas por seres vivos.

CNTP: Condições Normais de Temperatura e Pressão (0°C e 1 atmosfera).

Compostagem: processo em que o lixo orgânico é transformado num composto contendo húmus e nutrientes minerais (adubo orgânico).

Corrosão: desgaste ou modificação química de um material provocado pela ação de agentes químicos do meio ambiente.

CFCs: denominação genérica dos compostos orgânicos com cloro e flúor. São utilizados como propelentes em aerossóis e em sistemas de refrigeração.

Chuva ácida: chuva com acidez maior que a da chuva natural (pH<5,6).

Combustão: ação de queimar; estado de um corpo que arde produzindo calor ou calor e luz.

Ecossistema: o conjunto formado pela comunidade e o meio ambiente.

Efeito estufa: fenômeno que consiste na retenção do calor da Terra na atmosfera.

Elemento químico: conjunto de átomos com o mesmo número atômico Z.

Eletropositividade: tendência de um átomo em perder elétrons.

Energia de ionização: energia necessária para retirar um elétron de um átomo no estado fundamental.

Enzima: proteína com propriedades catalíticas específicas.

Fotossíntese: síntese de compostos orgânicos a partir do dióxido de carbono e da água, sob a ação da luz solar, com a liberação de oxigênio.

Função oxigenada: conjunto de substâncias que apresentam oxigênio em seu grupo funcional.

Gorduras: são misturas de ésteres de ácidos graxos e glicerol.

Hidrocarboneto: composto orgânico formado por carbono e hidrogênio.

Indicador: substância cuja cor em solução modifica com o pH.

Insaturado: composto orgânico que tem ligações múltiplas de carbono-carbono.

Internet: rede mundial que liga computadores entre si, descentralizada e de acesso público.

Isótopos: são átomos de mesmo número atômico (mesmo elemento químico) e diferentes números de massa.

Iupac: sigla inglesa para International Union of Pure and Applied Chemistry (União Internacional de Química Pura e Aplicada).

Número atômico (Z): número de prótons existentes no núcleo atômico.

Número de massa (A): quantidade de prótons e nêutrons existentes no núcleo atômico.

Nasa: Agência Nacional Espacial Americana.

Nuclídeo: núcleo caracterizado por um número atômico Z e um número de massa A.

pH: maneira prática de indicar a acidez, neutralidade ou basicidade de um meio.

Polímero: composto constituído por moléculas grandes, formado a partir de uma cadeia repetida de subunidades químicas simples, os monômeros.

Paradidático: qualquer material utilizado na complementação do ensino.

Poluição: contaminação e conseqüente degradação do meio ambiente causada por agentes químicos, lixo doméstico e detritos industriais.

Reagente: substância participante de uma reação química.

Radioatividade: propriedade apresentada por certos núcleos instáveis de emitirem radiação eletromagnética.

Radioisótopo: nuclídeo emissor de radiação.

Radionuclídeo: o mesmo que radioisótopo.

Radiação eletromagnética: energia que se propaga em meios materiais ou no vácuo na forma de ondas eletromagnéticas.

Sal: produto iônico da reação de um ácido com uma base.

Saturado: composto orgânico que não contém ligações múltiplas de carbono-carbono.

Referências

Andrade, M. L. A. (Org.). Mineração e metalurgia. **Minério de ferro**. BNDES. Disponível em: <http://www.bndes.gov.br/conhecimento/setorial/ferro.pdf>. Acesso em: jul. 2007.

Agência Nacional de Vigilância Sanitária. Faq – Sistema de Perguntas e Respostas. **Gordura Trans**. Disponível em: <http://www.anvisa.gov.br/faqdinamica>. Acesso em: jul. 2007.

Atkins, P. W. **Físico-Química**. Rio de Janeiro: LTC Editora, 2003-2004. v. 1-2.

BENN, F. R.; MCAULIFFE, C. A. **Química e Poluição**. Rio de Janeiro: LTC/Edusp, 1981.

BILIONÁRIO oferece US$ 3 bi em 10 anos para combate ao aquecimento global, **Folha de S. Paulo**, São Paulo, 22 de setembro de 2006, Caderno Dinheiro.

BRANCO, S. M. **Água**: origem, uso e preservação. São Paulo: Moderna, 1998.

_____. **O meio ambiente em debate**. 26. ed. São Paulo: Moderna, 1997.

CANTO, E. L.; PERUZZO, T. M. **Química na abordagem do cotidiano**. São Paulo: Moderna, 1996. (v. 2 – Físico-Química).

CHAGAS, C. O fim não está próximo. **Ciência Hoje On-line**, 25 maio 2004. Disponível em: <http://cienciahoje.uol.com.br/controlPanel/materia/view/3736>. Acesso em: jul. 2007.

COMPANHIA VALE DO RIO DOCE. Disponível em: <http://www.cvrd.com.br/cvrd/cgi/cgilua.exe/sys/start.htm?sid=485>. Acesso em: jul. 2007.

DA RÓZ, A. L. O futuro dos plásticos: biodegradáveis e fotodegradáveis. **Polímeros: Ciência e Tecnologia**, v. 13, n. 4, p. E4, 2003.

DOMINGUES, S. F. **Reações Químicas**. 3. ed. São Paulo: Edart, 1973. p. 86.

FISHER, L. **A ciência no cotidiano**: como aproveitar a ciência nas atividades do dia a dia. São Paulo: Jorge Zahar, 2004.

Folgueras Domingues, S. **Reações químicas**. São Paulo: Edart, 1973.

Folha de S. Paulo, São Paulo, 15 jun. 2006. Caderno Ciência.

Harris, D. C. **Análise química quantitativa**. 6. ed. Rio de Janeiro: LTC, 2005.

Kotz, J. C.; Treichel Junior, P. M. **Química geral e reações químicas**. São Paulo: Thomson Pioneira, 2005. v. 1.

Lage, A. Especialistas questionam produtos de beleza orgânicos. **Folha de S. Paulo**, 21 set. 2006. Caderno Equilíbrio.

Lee, J. D. **Química inorgânica não tão concisa**. São Paulo: Edgard Blücher, 1999.

Lembo, A. **Química**: realidade e contexto. São Paulo: Ática, 1999. (v. 1-3 – Química Geral).

Mahan, B. M.; Myers, R. J. **Química**: um curso universitário. São Paulo: Edgard Blücher, 1995.

Mendhan, J.; Denney, R. C.; Barnes, J. D. **Vogel**: análise química quantitativa. Rio de Janeiro: LTC, 2002.

Paulo, M. Piscicultura. **Ciência e Cultura**, ano 57, n. 2, p. 14, abr-jun. 2005. (Temas e Tendências).

Quintaes, K. D. **Por dentro das panelas**. São Paulo: Varela Editora, 2005.

Rangel, R. N. **Práticas de físico-química**. 3. ed. São Paulo: Edgard Blucher, 2006.

SCLIAR, M. **Oswaldo Cruz & Carlos Chaga**s: o nascimento da ciência no Brasil. São Paulo: Odysseus, 2002.

SOARES, H. F. B. S.; OKUMURA, F.; CAVALHEIRO, E. T. G. Proposta de um jogo didático para o ensino do conceito de equilíbrio químico. **Química Nova na Escola**, n. 18, p. 13, nov. 2003.

SOLOMONS, T. W. G.; FRYHLE, C. B. **Química Orgânica**. 8. ed. Rio de Janeiro: LTC, 2005-2006. v. 1-2.

TIPLER, P.; MOSCA, G. **Física para cientistas e engenheiros**. Rio de Janeiro: LTC, 1995. (v. 4 – Ótica e Física Moderna).

UNIVERSIDADE de Coimbra. **Vídeos laboratoriais**. Disponível em: <http://nautilus.fis.uc.pt/bl/conteudos/23/labvideos/index.html>. Acesso em: jul. 2007.

USBERCO, J.; SALVADOR, E. **Química**. São Paulo: Saraiva, 2000. (v. 3 – Química Orgânica).

VALADARES, E. C. Propostas de experimentos de baixo custo centrados no aluno e na comunidade. **Química Nova na Escola**, n. 13, maio 2001.

VANIN, J. A. **Alquimistas e químicos**: o passado, o presente e o futuro. São Paulo: Moderna, 1995.

Bibliografia comentada

ABDALLA, M. C. B. **O arquiteto do átomo**. São Paulo: Odysseus, 2002.
Biografia sucinta de um dos fundadores da Física Quântica.

ATKINS, P. W. **Moléculas**. São Paulo: Edusp, 2000.
De forma clara e bem-humorada, o autor explica ao leigo o que são moléculas e como elas participam do nosso cotidiano.

_____. **O Reino Periódico**: uma jornada à terra dos elementos químicos. Rio de Janeiro: Editora Rocco, 1996.
Uma viagem imaginária a um país que é a tabela periódica e no qual os elementos formam as diferentes regiões.

EMSLEY, J. **Moléculas em exposição**. São Paulo: Edgard Blücher, 2001.
> Livro de divulgação científica traça um quadro sobre as diferentes moléculas, mostrando que algumas são agradáveis outras prejudiciais e como afetam nossas vidas.

FARIAS, R. F. **Para gostar de ler a história da química**. Campinas: Átomo, 2003. v. 1
> Na forma de crônicas, um resumo da história da Química.

FILGUEIRAS, C. A. L. **Lavoisier**: o estabelecimento da química moderna. São Paulo: Odysseus, 2002.
> Uma biografia sucinta do grande químico francês Antoine Laurent Lavoisier.

GLEISER, M. **A dança do universo**. São Paulo: Cia das Letras, 2006.
> As diferentes descrições para a criação do universo são descritas de maneira didática pelo físico brasileiro.

MANO, E. B.; MENDES, L. C. **Introdução a Polímeros**. 2. ed. São Paulo: Edgard Blücher, 1999.
> Livro de nível introdutório, de fácil compreensão, trata o assunto de forma didática e sem grande profundidade.

SILVA, D. D.; NEVES, L. S.; FARIAS, R. F. **História da química no Brasil**. 2. ed. Campinas: Átomo, 2006.
> Relatos sobre a evolução da Química em nosso país.

VAITSMAN, E. P.; VAITSMAN, D. S. **Química & Meio Ambiente**. Rio de Janeiro: Interciência, 2006.
> Os autores apresentam textos para leituras complementares e discussões, além de vocabulário sobre meio ambiente e educação ambiental.

Gabarito

Capítulo 1

Atividades de Autoavaliação

1. F, V, V, V,
2. d
3. b
4. c
5. V, F, V, V

6. F, V, V, F
7. c
8. b
9. V, F, V, V
10. b
11. a
12. c
13. V, F, V, V
14. V, V, V, F
15. b
16. c

Atividades de Aprendizagem

1. **Comentário**: em setembro de 1987, na cidade de Goiânia, um homem que recolhia lixo reciclável vendeu um aparelho de radioterapia para um ferro-velho. Os funcionários do depósito violaram a proteção de chumbo do aparelho e encontraram um pó branco de cloreto de césio, que emite um brilho no escuro. Vários amigos, maravilhados com a descoberta, entraram em contato com a substância e foram contaminados. Quatro pessoas morreram e dezenas de outras passaram a depender de tratamento permanente.

2. **Comentário**: o consumo de metais como ferro, alumínio e cromo têm aumentado muito devido ao fácil acesso às jazidas e às novas tecnologias de obtenção de metais. Porém, isso põe em risco o futuro, que poderá apresentar escassez de minérios. A solução seria a reciclagem e a prevenção contra a corrosão. O ferro é extraído da magnetita (Fe_3O_4) e da hematita (Fe_2O_3), o alumínio da bauxita (mistura de óxidos de alumínio) e o cromo da cromita [$(Mg,Fe)_2CrO_4$].

Capítulo 2

Atividades de Autoavaliação

1. V, F, V, V
2. d
3. V, F, V, V
4. d
5. V, F, V, V
6. a
7. c
8. V, V, V, F
9. b

Atividades de Aprendizagem

1. **Comentário**: os fatores principais que contribuem para o agravamento da poluição atmosférica devem-se à emissão de gases e resíduos provenientes da queima (combustão) do petróleo e de seus derivados, como a gasolina e o óleo diesel, além da utilização do carvão como combustível na indústria.
2. **Comentário**: obrigar que as indústrias instalem filtros em seus equipamentos de modo a impedir que lancem grande quantidade de poluentes diretamente na atmosfera; estimular os veículos a utilizarem combustíveis que não emitam poluentes ou, pelo menos, em menor quantidade, como é o caso do álcool e do biodiesel.
3. **Comentário**: a biosfera do planeta simplesmente não resistiria a esse processo. Um americano típico é responsável pela liberação anual de uma quantidade de dióxido de carbono 18 vezes maior que a de um indiano e sete vezes maior que a de um chinês. Se as quantidades se igualassem, o planeta entraria em colapso.

4. **Comentário**: as pessoas têm conceitos errados sobre alimentação, como o uso indiscriminado dos alimentos industrializados. Desde que a nutrição faz parte da prevenção de doenças, é importante que a educação alimentar comece nas escolas.
5. **Comentário**: 1) é uma fonte limpa de energia que produz pouca poluição ambiental; 2) o Brasil é rico em fontes de biomassa (restos agrícolas e de madeira, esterco de gado); 3) fontes são baratas; 4) não precisam ser importadas, trazendo economia ao País; 5) materiais que eram descartáveis hoje são fonte de energia (casca de arroz, bagaço de cana).
6. **Comentário**: 1) é um combustível degradável; 2) é renovável; 3) fontes são abundantes no País (mamona, soja, girassol); 4) substitui o óleo diesel do petróleo, diminuindo importações; 5) diminui a quantidade de gás carbônico lançado na atmosfera.

Capítulo 3

Atividades de Autoavaliação

1. d
2. V, F, V, F
3. V, V, F, F
4. b
5. V, V, F, V
6. c
7. a
8. c

Atividades de Aprendizagem

1. **Comentário:** o álcool etílico é obtido a partir da fermentação do melaço da cana-de-açúcar, da uva e de cereais. O teor de álcool etílico em uma solução é medido em graus Gay-Lussac (°GL). Por exemplo: cerveja (5 °GL), vinho (até 12 °GL) e vodca (50 °GL). O uso abusivo de bebidas alcoólicas causa dependência física, psíquica e pode levar à morte.

2. **Comentário:** o tratamento do esgoto é importante para o reaproveitamento da água que ele contém em grande quantidade, para eliminar a sua ação como agente poluidor de rios, lagos e mares, além de sanear os focos de transmissão de doenças. Fases: a) filtração grossa, para eliminar objetos sólidos grandes; b) sedimentação; c) filtração; d) aeração; e) sedimentação final, na qual os resíduos sólidos podem ser aproveitados como adubo; f) adição de cloro, que atua como bactericida.

3. **Comentário:** alguns compostos orgânicos, como os hidrocarbonetos aromáticos e seus derivados, são substâncias prejudiciais à saúde humana, sendo que alguns são agentes cancerígenos. O benzeno, encontrado em solventes, e o tolueno, utilizado na produção da cola de sapateiro, produzem alterações no nosso metabolismo, quando inalados.

Capítulo 4

Atividades de Autoavaliação

1. b
2. V, V, F, F
3. V, F, F, V

4. c
5. F, F, V, V
6. c

Atividades de Aprendizagem

1. **Comentário**: os recursos didáticos são importantes porque dinamizam e facilitam o processo ensino/aprendizagem, solucionam as dificuldades dos alunos em entender os conceitos microscópicos e abstratos e despertam o interesse do aluno para a disciplina de Química. Quando usamos os recursos didáticos, as aulas tornam-se mais dinâmicas e os alunos participam mais da construção do conhecimento.

2. **Comentário**: a importância do petróleo para a sociedade, a poluição química do meio ambiente, o esgotamento dos recursos naturais, o impacto causado pelas indústrias, o problema da geração de energia, a proliferação dos produtos químicos agrotóxicos.

Nota sobre a autora

Maria Luiza Machado Fernandes, paranaense de Curitiba, é bacharel em Química pela Universidade Federal do Paraná (UFPR), desde 1999. Durante a graduação, participou de programas institucionais de pesquisa, tendo sido bolsista do Programa de Bolsas de Iniciação Científica, do Conselho Nacional de Pesquisas (PIBIC/CNPq), tendo como áreas de interesse maior a Química Orgânica voltada à Biocatálise com ênfase na Produção de Enzimas para Catalisar Reações de Síntese de Ésteres com Aplicações Comerciais. Em 2002, concluiu o curso de mestrado em Química, como bolsista do CNPq, na área de Química Orgânica.

Em 2006, concluiu o doutorado em Química Orgânica com ênfase na Produção de Enzimas por Fermentação no Estado Sólido para Aplicação em Biocatálise, ambos realizados no Departamento de Química da UFPR. Apresentou trabalhos em congressos, simpósios e seminários nacionais e internacionais durante sua carreira acadêmica. Publicou artigos em periódicos internacionais durante os cursos de mestrado e doutorado. Ministrou vários seminários, palestras e participou de bancas examinadoras de trabalhos de conclusão de curso. Atualmente, é professora do Centro Universitário Uninter, professora titular adjunta do Centro Universitário Campos de Andrade (Uniandrade) e professora adjunta da Universidade Tuiuti do Paraná (UTP), em Curitiba.

Os papéis utilizados neste livro, certificados por instituições ambientais competentes, são recicláveis, provenientes de fontes renováveis e, portanto, um meio **respons**ável e natural de informação e conhecimento.

Impressão: Reproset
Agosto/2023